Uma Razão Para Viver

Richard Simonetti

Richard Simonetti

Uma Razão Para Viver

CEAC
EDITORA

Dados Internacionais de Catalogação na Publicação (CIP)
(Câmara Brasileira do Livro, SP, Brasil)

S598r
    Simonetti, Richard, 1935 -
       Uma razão para viver /
    Richard Simonetti, - Bauru, SP : CEAC, 1998.
    184p.; 21 cm

       ISBN 85-86359-12-2

       1. Espiritismo 2. Conduta 3. Vida espiritual.
    I. Centro Espírita Amor e Caridade. II. Título.

CDD-133.9

ISBN 85-86359-12-2

Publicado inicialmente pela
GRÁFICA SÃO JOÃO LTDA
22 Edições – 113.000 exemplares

CEAC EDITORA
19ª Edição – Julho – 2021
500 exemplares
48.600 a 49.100

Copyright 1998 by
Centro Espírita Amor e Caridade
Bauru – SP

Edição e Distribuição
CEAC EDITORA
Rua 7 de Setembro 8-56
Fone/Fax (14) 3227-0618
CEP 17015-031 – Bauru – SP
e-mail: editoraceac@ceac.org.br
site: www.ceac.org.br

Capa:
Renato Leandro de Oliveira
Maria Amélia Bittencourt
Angela dos Santos Lutz

Ilustrações: Celso da Silva

Projeto gráfico: Júnior Custódio

Revisão de Língua Portuguesa:
Aline Cristina Moraes

Índice

Algo Mais *13*
Hospital ou Escola? *15*
A Estrutura e o Funcionamento *23*
A Bênção do Esquecimento *31*
Palpites *41*
Pistoleiros do Além *49*
Desenvolvimento Mediúnico *57*
Variações de Humor *63*
Conflitos Domésticos *71*
Desvios de Rota *79*
Repensando a Morte *85*
A Cor do Mundo *91*
O Reencontro *99*
O Socorro do Céu *107*
Transfusão de Energias *115*
A Melhor Didática *123*
Presença Invisível *131*
Parceiros Invisíveis *137*
Vingadores Invisíveis *143*
Iniciação Espiritual *151*
A Nostalgia do Natal *159*
O Grande Tesouro *169*

Uma Razão Para Viver

Todas as nossas ações são submetidas às Leis de Deus; não há nenhuma delas, por mais insignificante que nos pareça, que não possa ser uma violação dessas leis. Se sofremos as consequências dessa violação, não devemos queixar senão de nós mesmos, que nos fazemos, assim, os artífices de nossa felicidade ou de nossa infelicidade futura.

Allan Kardec (O Livro dos Espíritos)

Algo mais

Em nossos contatos com as pessoas que procuram ajuda no Centro Espírita, ao longo de vários anos, pudemos constatar que o seu problema fundamental é a ausência de uma motivação existencial, de um ideal que, pairando acima das limitações da Terra, seja a luz capaz de iluminar e aquecer seus caminhos.

A Doutrina Espírita, com sua gloriosa revelação dos objetivos da jornada humana e sua inestimável orientação para um caminhar seguro, consubstancia esse ideal, oferecendo-nos, mais que simples apoio para a vida, *uma razão para viver.*

Nestas páginas, estendemos àqueles que chegam ao Centro Espírita uma singela cartilha na qual enfocamos temas doutrinários básicos, ao mesmo tempo em que tentamos responder algumas dúvidas ou desfazer alguns enganos que encontramos nos iniciantes.

Ao final de cada capítulo, sem nenhuma pretensão doutoral, registramos humildes sugestões relacionadas com as iniciativas que podemos desenvolver em favor de nossa paz.

Rendemos aqui nossa homenagem a Francisco Cândido Xavier, cuja obra mediúnica é um imenso repositório de sabedoria no qual, para nossa felicidade, temos colhido os melhores subsídios em favor de um entendimento mais amplo da mensagem espírita.

É difícil escrever de forma atual sobre Espiritismo sem nos inspirarmos na conceituação dos generosos benfeitores que se manifestam pela psicografia sublime do médium de Uberaba. É o que fazemos ao longo deste livro, com várias citações, a partir destas páginas introdutórias, lembrando a valiosa exortação do Espírito Meimei, no livro *Aulas da Vida*:

"Louvemos as lágrimas e as aflições! Exaltemos a renúncia! Dignifiquemos o sofrimento e rejubilemo-nos com a luta!... São eles os mensageiros silenciosos da Providência Divina, ensinando-nos a encontrar nossos irmãos, em toda parte. Sem eles jamais compreenderíamos a solidariedade universal em que se fundamenta a Criação do Senhor e nunca realizaríamos a fraternidade, através da qual Jesus estende os braços para o mundo e o mundo, sequioso de paz, encontra, agradecido e feliz, o amor de Jesus."

Bauru, 4 de maio de 1989.

HOSPITAL OU ESCOLA?

A experiência demonstra que geralmente as pessoas comparecem ao Centro Espírita à procura de solução para tormentosos problemas pessoais, destacando-se isoladamente ou em conjunto:

Enfermidades renitentes.

Desentendimentos no lar.

Tensão nervosa.

Depressão.

Dificuldades financeiras.

Frustrações profissionais.

Insistentes ideias infelizes.

Desenganos sentimentais.

Isto significa que o Centro Espírita é para muitos um hospital mágico, onde mentores espirituais podem realizar os mais variados prodígios em favor dos consulentes.

Semelhante situação é, no mínimo, extravagante, porquanto não se inspira nos postulados doutrinários. Não há nada, em Espiritismo, que sugira a ideia de que o intercâmbio com os mortos é uma panaceia infalível para os males humanos.

* * *

Muito mais que atender aos interesses da Terra, o Espiritismo faz nossa iniciação nos ideais do Céu, mostrando-nos a estrutura e funcionamento das Leis Divinas. Simultaneamente, convoca-nos à sua observância como o único caminho para que nos libertemos de sentimentos inferiores como o egoísmo, a vaidade, o orgulho, *geradores de todos os nossos infortúnios*. Somente assim nos habilitaremos a viver felizes, contribuindo para a construção de um mundo melhor com o empenho glorioso de nossa própria renovação.

O desconhecimento desses objetivos induz a alguns enganos lamentáveis. O principal deles se relaciona com a famosa "consulta". Os frequentadores querem *conversar com os* Espíritos, ouvir a promessa de decisiva intervenção ou receber a indicação de "poções" infalíveis em seu benefício.

Assim, poucos vinculam-se ao Centro. Tomado à conta de hospital, é compreensível que os "pacientes" tendam a afastar-se atendendo a dois motivos: melhoraram e consideram desnecessário continuar o tratamento; ou não melhoraram e resolvem procurar ajuda em outro lugar.

Há dirigentes espíritas que contribuem para essa situação anômala. Por desconhecimento da Doutrina e por temerem perder a "clientela", fazem a atividade do Centro girar em torno de receituários e aconselhamentos espirituais, que podem amenizar determinados problemas, mas jamais os resolvem, porquanto atacam efeitos sem remontar às causas.

Se um alcoólatra procura o Centro porque está com uma crise hepática, pouco valerá cuidar apenas de seu fígado. É indispensável ajudá-lo a superar o vício.

Se alguém é envolvido por Espíritos que o atormentam com ideias e sentimentos infelizes, será ocioso afastá-los simplesmente. Eles sempre retornarão. A providência fundamental é ajudar o obsidiado a modificar seu padrão vibratório com a assimilação de conhecimento renovador. Então, ele próprio se libertará em definitivo. Se temos uma ferida exposta sempre haverá moscas em torno. A razão nos diz que sem cuidar do ferimento gastaremos muito tempo a afugentá-las.

* * *

No Centro Espírita "Amor e Caridade", em Bauru, não há manifestações mediúnicas nas reuniões públicas.

Mas aqui é mesmo um Centro? – perguntou-nos alguém. Uma dúvida compreensível, já que muita gente confunde Espiritismo com manifestação dos Espíritos.

Evidentemente, há ali os trabalhos práticos, em vários dias (é parte da atividade espírita), mas privativamente, em pequenos grupos, dos quais participam companheiros que têm conhecimento do fenômeno mediúnico e da responsabilidade que envolve seu exercício.

Nessas sessões estuda-se basicamente *O Livro dos Médiuns*, de Allan Kardec, no qual se destaca que somos todos médiuns e que muitos de nossos desajustes guardam sua origem no desconhecimento dos mecanismos que regem nossas relações com o mundo dos Espíritos.

Nas reuniões públicas são comentados *O Evangelho Segundo o Espiritismo* e *O Livro dos Espíritos*. O primeiro aborda um tema que pode parecer surpreendente ao leigo: o aspecto religioso da Doutrina Espírita.

Ué! Espiritismo é religião? – perguntam-nos.

Resposta positiva. Espiritismo é religião! Uma religião diferente, sem ritos, sem rezas, sem cerimônias. Seu objetivo não é de formalizar uma atitude religiosa com o comparecimento ao templo ou a adoção de determinada postura física, mas de renovar nossas concepções a respeito da comunhão com Deus.

"Deus é Espírito, e em espírito e verdade é que o devem adorar os que o adoram" – diz Jesus à mulher samaritana, demonstrando que devemos procurar Deus no único lugar onde realmente o encontraremos: – na intimidade de nosso coração. Com esse propósito, Kardec comenta os ensinamentos de Jesus em sua essência – a moral evangélica – demonstrando ser indispensável que nos renovemos para o Bem. Sem esse empenho jamais teremos a pureza necessária para o encontro glorioso com o Criador, como destaca o Mestre, na sexta promessa de "O Sermão da Montanha": "Bem-aventurados os que têm limpo o coração, porque verão a Deus".

A fim de que nos sintamos estimulados a esse esforço temos em *O Livro dos Espíritos*, síntese filosófica da Doutrina, a resposta racional e lógica para os "porquês" da Vida. Por que estamos na Terra? Por que sofremos? Por que experimentamos frustrações? Por que há tanta violência no Mundo? Por que a enfermidade grassa? – e muito mais, convidando-nos a desenvolver a capacidade de reflexão, no empenho de conhecermos a nós mesmos e o que nos compete fazer.

* * *

As reuniões públicas do Centro Espírita devem ser tomadas à conta de uma iniciação espírita, na qual participaremos de um banquete de luzes que enriquecem a existência.

Para tanto, é preciso superar a concepção distorcida e irreal do centro-hospital, com pleno entendimento de que ele é, *acima de tudo,* uma abençoada escola.

- Antes de cogitar dos benefícios que o Centro Espírita pode lhe oferecer, procure conhecer a Doutrina Espírita. Muita gente perde valiosas oportunidades de edificação por não atentar a essa necessidade.
 - Leia e estude as obras básicas de Allan Kardec e as complementares, particularmente de Francisco Cândido Xavier, que atendem a todos os gostos literários e a todos os níveis de entendimento. O livro espírita é precioso repositório de bênçãos que deve estar sempre ao alcance de nossa mão.
 - Eleja os dias da semana em que comparecerá ao Centro Espírita, assumindo, perante si mesmo, compromissos de assiduidade e perseverança. Sem esse empenho é provável que se considere impossibilitado por contratempos frequentes, não obstante serem perfeitamente superáveis.

A ESTRUTURA E O FUNCIONAMENTO

No estudo das moléstias que afligem a criatura humana, poderíamos definir dois tipos básicos: estrutural e funcional.

A doença estrutural é aquela que tem origem genética e que costuma acompanhar-nos em boa parte da existência ou, não raro, pela existência inteira, em sofrida cronicidade: fraqueza de estômago, fígado complicado, insuficiência pulmonar, desvios da coluna, pele sensível, visão e audição reduzidas... A lista é longa.

A Doutrina Espírita explica que tais problemas não decorrem de acidentes hereditários, mesmo porque Deus não é um jogador de dados, a distribuir a saúde e a enfermidade com a combinação aleatória de elementos genéticos.

Ocorre que já vivíamos antes do berço. Transitamos pela Terra há milênios, em múltiplas existências. A morte representa sempre uma avaliação evolutiva que define o quanto andamos ou nos desviamos das metas de perfeição estabelecidas pelo Criador.

Cada reencarnação é a bênção do recomeço, com mecanismos retificadores que funcionam na intimidade de nossa consciência, imprimindo no corpo físico algo dos desajustes que provocamos em nós mesmos quando transitamos por vielas escuras de rebeldia e agressividade.

É o que a filosofia oriental define como *carma*, representando a consequência de nossas ações pretéritas que se projeta no presente, num mecanismo de causa e efeito que tem, num primeiro estágio, três finalidades principais:

Primeira: é a conta a pagar, o montante que devemos pelos prejuízos causados, segundo um princípio divino enunciado por Jesus: "A cada um segundo suas obras". Se nos comprometermos com o mal, fatalmente terminaremos às voltas com males correspondentes, impostos pela Justiça Divina. De acordo com esse mecanismo, o indivíduo violento poderá renascer em corpo extremamente frágil, o alcoólatra com disfunções hepáticas, o intrigante com limitações mentais...

Segunda: contenção. O comprometimento com o mal se entranha no indivíduo na forma de tendências que precisam ser contidas e eliminadas. Assim, a violência será inibida pela fragilidade do corpo. O alcoolismo será sofreado pelo fígado sensível e será impossível semear intrigas sem acuidade mental. Tivéssemos a noção exata da extensão de nossas mazelas e agradeceríamos a Deus determinadas inibições.

Terceira: renovação. O sofrimento decorrente das limitações físicas impõe um *fastio das ilusões humanas*. Nada melhor para nos inspirar a procura de valores religiosos. Espíritos superiores em trânsito pela Terra, no desdobramento de gloriosas missões, nunca planejam um corpo perfeito, não que tenham tendências inferiores a superar, mas porque sabem que essa é a melhor forma de não se perderem nos enganos do Mundo.

Podemos amenizar as enfermidades cármicas com tratamentos espirituais e materiais, com a medicina do Céu e da Terra, mas o melhor a fazer é considerá-las, segundo a expressão do apóstolo Paulo, um "espinho na carne". Se não pode ser retirado, não nos preocupemos muito com ele, evitando nos atormentarmos inutilmente. Movimentando-nos com cuidado ele não nos incomodará muito. Se tenho um problema gástrico cármico o ideal é cultivar a serenidade e uma alimentação leve, evitando irritações e extravagâncias que mexam com o "espinho".

* * *

A doença funcional se relaciona com a maneira como cuidamos do corpo. Jamais os cientistas deixarão de maravilhar-se com esse incrível mecanismo de peças vivas que permite a manifestação da inteligência na Terra. Trata-se de uma máquina perfeita dentro de suas finalidades, que faculta ao Espírito uma bolsa de estudos na escola da reencarnação.

Contudo, há um detalhe importante: toda máquina precisa de cuidados para que funcione sem problemas. Aqui reside um dos grandes óbices em relação à saúde física, porquanto semelhamo-nos ao motorista invigilante que usa e abusa de seu automóvel, sem a mínima noção das regras de trânsito, dos detalhes relacionados com seu funcionamento e conservação.

Poucas pessoas sabem como se processam as funções digestivas, circulatórias, respiratórias e nervosas, simplesmente por desinteresse. Isso é lamentável, porquanto o conhecimento elementar de fisiologia é indispensável ao atendimento adequado das necessidades de nosso corpo, dentre as quais destacaríamos o regime alimentar, os exercícios físicos, o trabalho disciplinado, o repouso noturno, a higiene cuidadosa.

Raros cumprem esse programa elementar de saúde. Daí emergirem variados distúrbios orgânicos como obesidade, hipertensão arterial, arteriosclerose, cardiopatia, úlcera gástrica...

O assunto fica mais sério quando se trata do cultivo de vícios como o fumo, o álcool, o narcótico, que cobram insuportável imposto pelos momentos de tranquilidade e euforia, levando à falência a economia orgânica.

Somem-se a isso tudo os estados depressivos, no embalo da autopiedade ou o exercício de agressividade como forma de autoafirmação, e teremos a origem de muitos males que complicam, comprometem e abreviam a existência, com lamentáveis repercussões para o futuro.

Há quem os julgue cármicos. Na realidade, pelo menos oitenta por cento de nossas enfermidades são funcionais, fruto de agressões ao corpo ou de omissão quanto às suas necessidades básicas.

Se calçarmos um sapato apertado feriremos o pé. Insistindo no seu uso, porque gostamos dele, teremos um defeito de postura que afetará o equilíbrio da coluna dorsal, gerando fortes dores nas costas. A pressão lombar poderá afetar a visão. Em virtude de tais problemas teremos excesso de secreção de ácido clorídrico no estômago e surgirá a gastrite, que poderá repercutir nos intestinos com uma colite. Então, precisaremos consultar vários especialistas: um ortopedista, um oftalmologista, um gastrenterologista e, talvez, até um psicanalista, perdendo tempo e dinheiro. Seria mais fácil e barato comprar um sapato maior.

Assim, ocorre com nossos problemas de saúde relacionados, quase sempre, não com o passado remoto, mas com o presente; não com o que fizemos usando o corpo ontem, mas com o que estamos fazendo com ele hoje, quanto a hábitos e costumes, à maneira de pensar e de viver.

A propósito há a história de um campeão de bilhar, sempre muito elegante nas disputas, vestindo paletó e gravata.

No auge da fama surgiu um problema. Quando começava a jogar sentia forte tontura e falta de ar. Consultou os melhores especialistas, submeteu-se a variados exames. Nada foi descoberto. Estava em ótima forma física. A solução foi deixar o bilhar, o que fez pesarosamente.

Algum tempo depois, assistindo a uma competição, conheceu notável jogador que parecia não levar muito a sério a apresentação pessoal. Antes de iniciar sua participação tirou o paletó, desabotoou o colarinho e afrouxou a gravata. Nosso herói ficou escandalizado. Não se conteve. Aproximou-se e perguntou:

– Não acha deselegante jogar assim?

O outro sorriu e respondeu:

– Sim, mas se usar colarinho abotoado, gravata certinha e paletó, tenho tontura e falta de ar. Não dá pra jogar...

- *Conheça seu corpo, funções e necessidades. Tire uma "carteira de habilitação" para uso adequado da máquina física.*
- *Faça exercícios físicos e respiratórios diariamente. Uma caminhada de uma hora opera prodígios de bem-estar.*
- *Não se permita uma coexistência pacífica com os vícios. Mova-lhes luta sem tréguas. Não é razoável envenenar-se, a nenhum pretexto.*
- *Coma frugalmente, selecionando alimentos. Aos prazeres da mesa deve sobrepor-se a sabedoria de alimentar-se de forma saudável.*
- *Analise seus males sob a ótica da reflexão. É fácil superar enfermidades funcionais com a mudança de hábitos. É possível conviver com enfermidades estruturais aceitando a função regeneradora do carma.*

A BÊNÇÃO DO ESQUECIMENTO

Um desconhecido me cumprimentou na rua e foi logo dizendo:

– O senhor não me conhece, mas eu o conheço. Sei que é espírita. Gostaria de fazer-lhe algumas perguntas.

– Se souber responder, tudo bem.

– É fácil. Quando criança, apanhava de seu pai?

– Fui um menino comportado...

– Mas apanhou algumas vezes?

– Poucas...

– Seu pai chegou a castigá-lo sem que o senhor soubesse o motivo?

– Não! Meu pai não faria isso. Seria um absurdo!

Meu interlocutor sorriu, triunfante.

– É por isso que não acredito na Reencarnação. Vocês espíritas dizem que sofremos para pagar dívidas de outras existências. Só que ninguém sabe o que fez. Apanhamos sem conhecer o motivo.

E se afastou rapidamente, sem dar-me tempo para lhe perguntar se preferiria *apanhar sem merecer*. É esta a ideia que fica quando eliminamos o princípio das vidas sucessivas.

* * *

Nasce uma criança cega. O Espiritismo explica que é o seu carma. Ela se comprometeu em existências anteriores com delitos que justificam a cegueira.

Se não aceitamos isso será forçoso admitir que Deus foi injusto, impondo-lhe terrível e imerecido sofrimento.

Um amigo, tentando contornar a dificuldade de explicar o enigma das grandes dores sem a chave da Reencarnação, explicava convicto:

– Deus faz sofrer àqueles que ama, preparando-os para o Céu.

Incrível! Deus tem preferências!

Quem mais sofre é porque Deus lhe tem mais amor!

Quem pouco sofre, Deus pouco ama!

E quem não sofre? Deus não lhe tem amor?!

* * *

As pessoas que não acreditam na Reencarnação porque não recordam o passado se assemelham aos materialistas que não acreditam em Deus porque não o vem. Um deles, sempre que alguém tentava convencê-lo, dizia solenemente:

– Dou exatamente dois minutos para que Deus apareça à minha frente, provando sua existência!

Muito sério, observava o relógio. Após o tempo proposto, proclamava vitorioso:

– Aí está! Deus não existe. Se existisse teria aceito meu desafio!

Um tolo que pretendia ser esperto. Se o fosse, realmente, saberia que é facílimo provar a existência de Deus, partindo do velho axioma: "Não há efeito sem causa".

Se o Universo é um efeito inteligente, tão perfeito que assombra os estudiosos, necessariamente tem uma causa inteligente, um criador, que as religiões denominam Deus.

Assim, literalmente, podemos *enxergar* Deus em sua obra: na beleza da flor, na majestade do oceano, no sorriso da criança, nos mundos que se equilibram no espaço...

* * *

A Reencarnação não é um princípio dogmático que se deva aceitar sem discutir, mesmo porque há evidências científicas nas pesquisas de regressão de memória, sob hipnose, em que o indivíduo é levado a recordar o pretérito remoto, muito além da vida intrauterina. Albert de Rochas, famoso pesquisador francês, conseguia que alguns de seus pacientes regredissem a cinco existências anteriores.

Há pessoas que recordam espontaneamente. No livro *A Reencarnação no Brasil*, o Dr. Hernani Guimarães Andrade, ilustre parapsicólogo brasileiro, reporta-se a vários exemplos ocorridos em nosso país, com impressionante riqueza de detalhes.

Importante destacar que até os sete anos, quando se completa o processo reencarnatório, é comum a criança apresentar vagas reminiscências do pretérito, ininteligíveis para os pais, que as tomam à conta de fantasias infantis.

E como, sem a Reencarnação, justificar as crianças-prodígio?

Mozart, aos quatro anos executava sonatas; aos onze compôs duas óperas.

Beethoven, aos dez anos já era notável pianista.

Liszt compôs sua primeira ópera aos quatorze anos.

Miguel Ângelo foi dispensado pelo seu mestre escultor, aos oito anos, sob a alegação de que não havia mais nada a lhe ensinar.

Pascal, aos treze anos se ombreava com os sábios de sua época.

O menino Victor Hugo escrevia poesias tão belas, com tal capacidade de versificação, que era chamado "a criança sublime".

William Hamilton estudava o hebraico aos três anos; aos oito era espantoso seu conhecimento de matemática, igualado por raros professores.

Fica difícil explicar a habilidade, a técnica e, sobretudo, os conhecimentos desses gênios, sem aceitar que traziam imensa bagagem de vidas anteriores.

✶ ✶ ✶

Para quem prefira, há fundamentos religiosos.

A concepção reencarnacionista está presente nos textos sagrados de todas as civilizações, desde as mais antigas, como a hindu, a egípcia, a chinesa, e também na Bíblia.

No Novo Testamento, vemos Jesus falar inúmeras vezes a respeito do assunto, a começar pelo célebre diálogo com Nicodemos (João 3,1 - 21), em que proclama ser indispensável o renascimento para entrar no Reino de Deus, e explica ao atônito doutor da Lei como pode um homem velho tornar-se criança novamente.

Mais incisiva é a passagem em que os discípulos lhe perguntam sobre a vinda de Elias (segundo as tradições bíblicas, aquele profeta, que vivera há nove séculos, deveria voltar à Terra como precursor do Messias, preparando seus caminhos). Jesus responde que Elias já viera e que os homens tinham feito com ele o que lhes aprouvera. O evangelista Mateus, que registrou o episódio (17,9 - 13), termina significativamente o relato, revelando: "Então os discípulos entenderam que lhes falara a respeito de João Batista" (este tinha sido decapitado, a mando de Herodes).

* * *

E há os fundamentos filosóficos, decisivos, irresistíveis... Sem a anterioridade da vida física como explicar a diversidade de condições físicas, mentais, morais, espirituais, sociais, culturais, existente na Terra?

Como justificar o gênio contrapondo-se com o idiota? O santo e o facínora? O virtuoso e o viciado? O atleta e o aleijado? O sábio e o obtuso?

Como aceitar a justiça de Deus sem conceber esse encadeamento de múltiplas existências, em que, quais alunos matriculados num educandário, recebemos lições compatíveis com nossas necessidades evolutivas?

* * *

Nesse contexto, há razões para o esquecimento.

Em primeiro lugar, por uma questão de limitação física. Nosso corpo não possui a complexidade e o desenvolvimento neurocerebral que comportem a consciência de experiências não registradas pelos cinco sentidos: o tato, o paladar, o olfato, a audição e a visão. Somente em circunstâncias especiais a memória extracerebral, do Espírito, faculta-nos um contato com nosso passado.

Há um motivo de ordem prática: cada existência encerra em si mesma um ciclo de experiências que seriam embaralhadas, confundindo-nos se estivéssemos de posse das lembranças do pretérito, impondo-nos, não raro, constrangimentos insuperáveis e perturbadores. Imaginemos uma criança a contestar o parentesco com pais e irmãos, alegando ter outra família; o adolescente que enxerga no pai de hoje o filho de ontem, ou na irmã de ontem a mãe de hoje; o homem que possuía brilhante inteligência e agora experimenta as limitações de um cérebro deficiente; o pária que foi nobre; o racista que se vê filho da raça que oprimiu...

Sem "passar borracha no passado" tais situações seriam muito complicadas. Sobretudo, seria difícil vencer um dos mais graves problemas humanos: o ódio, que é a negação dos princípios de fraternidade que regem o Universo. Obedecendo aos imperativos da reconciliação, inimigos ferrenhos se reencontram no lar, ligados pelos laços da consanguinidade, a ensejar que, pela convivência, a animosidade seja superada.

Mas como poderá isso ocorrer sem a bênção do esquecimento? Como abraçará um pai ao filho, sabendo que ele é um odiado desafeto? Como abrigará o filho, em seu carinho, uma mãe que identifica nele alguém que a desgraçou? Como, irmãos que foram adversários figadais, dispor-se-ão à reconciliação? Fica difícil cultivar o amor guardando os motivos que geraram o ódio.

E todos temos, no círculo familiar, programas dessa natureza. O próprio relacionamento difícil, frequente entre membros da família, indica que ali estão desafetos chamados à harmonização. Olvidaram as ofensas ao reencarnar mas, conservam, nos refolhos da consciência, a mágoa do passado.

* * *

O esquecimento se situa, sobretudo, por manifestação da Misericórdia Divina, oferecendo-nos a bênção do recomeço.

Imaginemos um homem comprometido com crimes e viciações, colhido nas grades do remorso, que experimenta o despertar da consciência, acicatando-o tão fortemente que o faz sentir-se o mais miserável dos seres, paralisando-lhe as iniciativas. Essa é a situação do Espírito desencarnado quando contempla o passado de desatinos.

– Ah! Se fosse possível enfrentar os labores da redenção sem lembranças torturantes!...

É exatamente isso que Deus nos oferece: a misericórdia do esquecimento para que, na abençoada oportunidade do recomeço, enfrentemos progressivamente o resgate de nossos débitos sem nos afogarmos no oceano de nossas culpas.

- *Cultive uma "consciência reencarnatória", concebendo nossa condição de Espíritos em trânsito pela carne. Fica mais fácil enfrentar dores, problemas e dificuldades situando-os por lições que se repetem no educandário terrestre, em favor de nossa evolução.*

- *Combata eventuais sentimentos negativos em relação a familiares. Com o exercício da fraternidade é possível "queimar etapas" no indispensável e árduo caminho da reconciliação.*

- *Aprenda a identificar tendências inferiores em si mesmo, combatendo-as com persistente disposição. Responsáveis pelos nossos fracassos no passado, constituem permanente ameaça às oportunidades de edificação no presente.*

PALPITES

Em modesta residência, na periferia, uma mulher, médium em transe, transmite a manifestação de um "guia" que atende a aflita jovem:

– Vim pedir-lhe ajuda. Sou casada há cinco anos. Tenho dois filhos. Vivíamos relativamente bem, mas ultimamente nosso relacionamento é péssimo. Meu esposo anda muito nervoso. Brigamos com frequência. Noutro dia afirmou que se arrepende de ter constituído família. Creio que se envolveu com alguma aventureira...

– Minha filha – diz a entidade –, seu lar está ameaçado. Vejo muitas vibrações de pessoas que não querem sua felicidade e há uma mulher seduzindo seu marido...

Seguem-se orientações relacionadas com defumações, velas, banhos de defesa, rezas.

A jovem se retira confiante. Suas suspeitas estavam confirmadas e receberia ajuda espiritual.

A médium prossegue no atendimento: um homem com crônica conjuntivite, o vendedor com dificuldade para colocar seus produtos, a mulher dominada pela depressão, a adolescente que brigou com o namorado...

Embora sejam atribuições diversificadas, aparentemente, segundo a palavra do Espírito, parecem originar-se de fontes comuns: inveja, perseguição, influência negativa, vingança...

* * *

"Especialistas" em atividades dessa natureza se multiplicam. Alguns chegam a fazer propaganda de seu trabalho, em folhetos e anúncios classificados nos jornais, prometendo prodígios.

Assim como muita gente comparece ao Centro Espírita como se fora um hospital, há os que frequentam assiduamente esses "consultórios", em prática tão antiga quanto o mundo. No tempo de Moisés era tão disseminada e ocorriam tantos abusos que o eminente patriarca judeu decidiu proibir a evocação dos mortos.

Oportuno ressaltar que essas atividades nada têm a ver com o Espiritismo, nem são espíritas aqueles que as desenvolvem. Quando muito, se não mistificam, são médiuns, cumprindo fazer-se uma distinção entre mediunismo e a doutrina codificada por Allan Kardec.

Mediunismo é o intercâmbio com o Além. Pode ser exercitado por qualquer pessoa dotada de sensibilidade psíquica, independente de sua condição social ou religiosa. Há médiuns no seio de todas as classes sociais e religiões.

O Espiritismo é uma filosofia existencial com bases científicas e consequências religiosas. O simples enunciado desse tríplice aspecto impõe uma atitude séria na sua apreciação e a disposição para o estudo e a análise de seus postulados, acima dos interesses imediatistas, para que possamos entender sua grandiosa mensagem.

Destaque-se o empenho a que somos convocados em favor de nossa própria renovação, *sem o qual jamais seremos espíritas autênticos*, como deixa bem claro Kardec, em *O Evangelho Segundo o Espiritismo*, ao afirmar: "Reconhece-se o verdadeiro espírita pela sua transformação moral e pelos esforços que emprega para domar suas inclinações más".

* * *

Importante frisar sempre, embora possa parecer repetitivo, que não devemos procurar os Espíritos para a solução de problemas que decorrem de nossas próprias mazelas. Sempre que comparecermos aos "consultórios do Além" estejamos conscientes de que dificilmente seremos atendidos por mentores autênticos. Eles têm assuntos mais importantes a tratar. Normalmente, os Espíritos que se dedicam a essa atividade, principalmente quando o médium cobra pelos seus favores, são "orientadores sem orientação", que nada sabem das necessidades reais dos consulentes e que, para ganhar sua confiança, limitam-se a dizer o que eles querem ouvir.

A mulher desconfiada da fidelidade do marido será alertada de que há uma sedutora; quem não gosta dos vizinhos ouvirá que são invejosos e lhe desejam o mal; aquele que não se ajusta a empregos será informado de que sofre perseguições...

Sem a mínima condição para definir caminhos mais acertados, atuam como palpiteiros, sugerindo providências e tratamentos que até podem dar certo, como todo palpite, mas jamais resolvem em definitivo os problemas de seus "protegidos", tornando-os, não raro, mais complexos.

* * *

A propósito, vale lembrar a história daquele homem viciado em pedir favores a um "guia", em "consultório" nas imediações de sua residência, na mais estreita dependência. Não dava um passo sem a ajuda do protetor, que estava mais para palpiteiro, orientando-o precariamente. Certo dia o protegido pediu amparo mais efetivo:

– O senhor precisa dar um jeito na minha situação. Cansei de ser pobre.

– O que quer que eu faça, meu filho?

– Quero ganhar uma bolada no jogo do bicho.

– É difícil...

– Mas sei que pode conseguir. Por favor... Preciso muito!...

O Espírito silenciou por alguns momentos. Depois recomendou:

– Está bem. Amanhã jogue no número 23.492.

O protegido, todo animado, reuniu seus haveres, vendeu o televisor e um jogo de sofás; emprestou bom dinheiro de amigos, apropriou-se do salário da filha mais velha e fez o jogo recomendado, considerando, em feliz expectativa, que jamais voltaria a passar por aperturas econômicas.

À tarde acompanhou, trêmulo, o sorteio pelo rádio. O locutor anunciava pausadamente os números sorteados. Quando chegou a vez do primeiro prêmio, no qual repousavam suas esperanças, a tensão era enorme:

– Vinte e três mil...
– Meu Deus! Vai dar! Vai dar!...
– Quatrocentos e noventa e...
– Estou rico! Já ganhei!...
– ...três.
– Três? Está errado! É dois!
O locutor repetiu:
– Vinte e três mil, quatrocentos e noventa e três.
Pateticamente ele sacudia o rádio:
– Não é três, idiota! É dois! Dois!... Houve engano!...
Telefonou para a emissora. Não havia erro. Perdera por um algarismo, enterrando-se em dívidas e aperturas.
Correu ao "guia".
– Uma desgraça! Joguei o que não possuía e perdi! O que houve? O senhor recomendou 23.492. Deu 23.493.
O Espírito respondeu cheio de animação:
– Ah! Meu filho! Fico feliz. Quase acertamos! Talvez dê certo na próxima!
Fora apenas um palpite...

* * *

Nossa existência não pode ser orientada por palpites. É preciso ter certezas. E a certeza fundamental foi enunciada por Jesus, há dois mil anos:

"O Reino de Deus está dentro de vós!" (Lucas 17,21).

O estado íntimo de serenidade, alegria e bom-ânimo, alicerces de uma felicidade legítima e duradoura, é uma construção pessoal, que devemos realizar com o esforço por entender o que a Vida espera de nós.

Nesse particular, a Doutrina Espírita tem muito a nos oferecer, se nos dispusermos a estudá-la buscando sua orientação objetiva e segura, sem recorrer a palpiteiros.

- *Afaste-se de médiuns que atendem em regime de "consultas particulares". Sem disciplina e sem conhecimento, com o agravante de estimarem receber recompensas, são facilmente envolvidos por obsessores interessados em semear a perturbação.*

- *Em qualquer contato com os Espíritos, mesmo em reuniões mediúnicas no Centro Espírita, é preciso passar pelo crivo da razão o que dizem. Allan Kardec destacava que os Espíritos são apenas homens desencarnados e, como tais, sujeitos a erros de apreciação, além dos problemas de filtragem mediúnica.*

- *Mesmo nas condições mais favoráveis, diante de mentores comprovadamente esclarecidos e sábios, evite constrangê-los com petitórios relacionados com interesses pessoais. Afinal, tudo de que precisamos, em se tratando de orientação devida, é seguir os ditames da própria consciência, iluminando-a com as lições de Jesus.*

PISTOLEIROS DO ALÉM

Em bairro distante, na confluência de duas ruas, moram quatro famílias, uma em cada esquina. O morador de uma das casas sai certa manhã e depara com vela acesa e uma garrafa de aguardente.

– Ah! Esse povo não tem mais o que inventar em suas práticas religiosas. É coisa de brasileiro mesmo! – comenta com seus botões.

Despreocupado, toma seu automóvel e segue para o trabalho.

Sai o segundo morador. Vê os objetos e se arrepia:
– Meu Deus! Um despacho! Alguém querendo prejudicar-me!

Afasta-se rapidamente a benzer-se, sem afastar de seu coração a angústia e o medo, que o perseguirão pelo resto do dia, culminando com palpitações e incômodas dores no peito.

O terceiro morador olha desconfiado para o "despacho". Retorna à residência. Vai ao quarto dos fundos, põe a queimar incenso e repete várias vezes uma reza. Depois, mais tranquilo, parte para a atividade profissional.

O quarto morador, tão apavorado quanto o segundo, decide ausentar-se para evitar problemas. Ante a esposa surpresa, proclama que anteciparão o fim de semana, efetuando protelado passeio. Em poucos minutos improvisam a saída rápida.

À noite, longe dali, um devoto agradece ao seu protetor espiritual a dádiva recebida. Conseguira o emprego desejado, após cumprir fielmente a instrução de deixar uma garrafa de pinga com vela acesa numa "encruzilhada".

O "despacho" não fazia parte de nenhum sortilégio para prejudicar os moradores, mas cada um reagiu segundo suas concepções.

O primeiro, racionalmente, considerou que não significava nada para ele, permanecendo impassível.

O segundo se desequilibrou pelo medo. Ficou até doente e ninguém lhe tiraria da cabeça a ideia de que fora vítima de um "mal encomendado".

O terceiro, por segurança, preveniu-se com práticas ritualísticas.

O quarto, apavorado, assumiu uma postura de fuga.

* * *

A história demonstra que nossa maneira de ser, de encarar os acontecimentos, de reagir em face das circunstâncias, tem uma influência decisiva em nossa estabilidade física e psíquica.

Somos o que pensamos. Pessoas que cultivam superstições, medos, fobias, que se apavoram pela perspectiva de sofrerem influências espirituais, fatalmente se envolvem em desajustes e perturbações. Com muita facilidade se julgam vítimas de perseguições e males inexistentes.

Se desejamos estabilidade íntima, equilíbrio interior, é preciso que nos habituemos a encarar os acontecimentos de forma objetiva e racional, sem nos deixarmos imbuir de fantasias desajustantes.

* * *

Naturalmente há algumas indagações a respeito:

– E se a vela e a pinga representassem uma espécie de indução para atrair Espíritos com a tarefa de perseguir um dos moradores da casa?

– Existe essa possibilidade?
– O que aconteceria?
Poderíamos responder com outra pergunta:
– É possível contratar um pistoleiro para atirar em alguém?

A resposta, evidentemente, é afirmativa. Principalmente nas regiões agrestes, há pessoas que têm o hábito infeliz de resolver suas pendências dessa forma.

Ora, se há aqueles que se dispõem a ser instrumentos do mal na Terra, o mesmo ocorre na Espiritualidade. E nem é preciso procurar um intermediário, um médium para a "contratação". Basta que tenhamos ódio de alguém, que lhe desejemos alguma desgraça e não será difícil atrair Espíritos dispostos a colaborar conosco, autênticos "pistoleiros do Além", que usarão as balas da discórdia, do desentendimento, do vício, da aflição, do desajuste, para ferir nossos desafetos.

O problema é que se nos envolvermos com eles não poderemos dispensá-los depois, porquanto o preço que cobram é muito alto: o domínio sobre nossa vida, explorando-nos as mazelas. É como se vendêssemos a alma ao diabo.

Naturalmente se trata de uma imagem mitológica, porquanto o diabo, como força que se contrapõe eternamente a Deus, não existe. Diabos somos todos nós, quando nos transviamos do Bem, quando cultivamos o mal, habilitando-nos a sofrimentos mil, porque é assim que o Criador transforma os diabos em anjos.

* * *

Ainda que existam os "pistoleiros do Além", tacitamente "contratados" por alguém que gostaria de nos ver sofrendo, é preciso lembrar um sugestivo ditado popular: "Praga de urubu não mata cavalo gordo".

As influências nocivas nos atingem apenas na medida em que não tenhamos defesas espirituais formadas por um comportamento equilibrado e virtuoso.

Há um detalhe fundamental: os Espíritos inferiores não produzem o mal em nós. Apenas fermentam o mal que existe.

Os sortilégios das sombras não geram o adultério. Simplesmente exploram, num dos cônjuges, a tendência à infidelidade.

Nenhum perseguidor espiritual precipitará na angústia um coração sintonizado com o otimismo e a alegria de viver.

Ninguém nos incompatibilizará com o semelhante se cultivarmos a compreensão e a tolerância.

Muitos desejam o chamado "corpo fechado", tentando sobrepor-se a atentados à sua integridade física e espiritual com práticas ritualísticas, como quem pretende trancar-se numa fortaleza. Pode até funcionar, embora precariamente, na medida em que o interessado acredite nisso, apoiando-se em sua convicção.

Ressalte-se, todavia, que tais recursos configuram mero escoramento para uma casa mal construída, mal conservada, erguida em solo instável.

A melhor maneira de nos sobrepormos à influência do mal será sempre o empenho por eliminá-lo de nós mesmos, como se nos abrigássemos numa construção nova, mais sólida, resistente às intempéries – aquela casa a que se referia Jesus, edificada na rocha inabalável de seus ensinamentos.

- *Não cultive ódios, nem ressentimentos, que funcionam como evocações do mal. Essas "contratações" podem levar algumas sombras aos nossos desafetos, mas fatalmente acabarão por derramar a escuridão sobre nós.*

- *Combata seus temores exercitando a confiança. Como explicava o apóstolo Paulo: "Se Deus é por nós, quem será contra nós?"*

- *Empenhe-se por identificar e vencer suas mazelas e viciações. Nenhum Espírito maligno conseguirá perturbar um coração sintonizado com o Bem.*

- *Encare os Espíritos comprometidos com as sombras como irmãos nossos, transviados da Luz, necessitados de oração. Seu empenho nesse sentido, fatalmente despertará neles irresistíveis impulsos de renovação.*

DESENVOLVIMENTO MEDIÚNICO

Todo aquele que sente, num grau qualquer, a influência dos Espíritos é, por esse fato, médium. Essa faculdade é inerente ao homem; não constitui, portanto, um privilégio exclusivo. Por isso mesmo, raros são as pessoas que dela não possuam alguns rudimentos. Pode, pois, dizer-se que todos são mais ou menos, médiuns. Todavia, usualmente, assim só se qualificam aqueles em quem a faculdade mediúnica se mostra bem caracterizada e se traduz por efeitos patentes, de certa intensidade, o que então depende de uma organização mais ou menos sensitiva.
Allan Kardec (O Livro dos Médiuns, *capítulo XIV*)

Nas entrevistas para encaminhamento aos serviços de assistência espiritual, é comum ouvirmos:

– Coisas incríveis acontecem comigo. Percebo a presença de seres invisíveis, ouço barulhos estranhos e fico apavorado. Dizem que sou médium...

Ou então:

– Alertaram-me de que os problemas de saúde e de descontrole emocional que venho enfrentando só serão resolvidos quando eu desenvolver minha mediunidade...

E ainda:

– Disseram-me que tenho uma tarefa a cumprir como médium e que enquanto não servir ao meu guia não terei paz...

Há aqui dois enganos, lamentavelmente sustentados por dirigentes espíritas menos avisados:

Primeiro: desajustes físicos e psíquicos sugerem mediunidade a desenvolver.

Segundo: a superação de tais problemas está condicionada ao desenvolvimento mediúnico.

A mediunidade, que podemos definir como sensibilidade à influência dos Espíritos, é, no dizer de Kardec, "inerente ao homem". Todos a possuímos. É o sexto sentido, que nos coloca em contato com o plano espiritual, assim como o tato, o paladar, o olfato, a audição e a visão nos colocam em contato com o mundo físico.

Essa sensibilidade tem sido exaustivamente pesquisada pela Ciência, em todos os tempos. Indivíduos que a possuem de forma mais acentuada, que os habilita ao intercâmbio com o Além, são hoje identificados como paranormais, portadores de faculdades como:

Telepatia: a capacidade de captar pensamentos.

Clarividência: a capacidade de perceber o que não está ao alcance dos sentidos físicos.

Pre-cognição: a capacidade de desvendar o futuro.

Retro-cognição: a capacidade de desvendar o passado.

* * *

Em determinadas circunstâncias, quando submetidas a tensões e angústias ou enfraquecimento físico, em face de problemas existenciais e moléstias, há pessoas que experimentam um aguçamento dessa sensibilidade. Se não possuem defesas psíquicas, até mesmo por total desconhecimento do assunto, são facilmente envolvidas por influências espirituais desajustantes que agravam seus padecimentos.

O passe magnético, a água fluida, a orientação recebida nas reuniões públicas do Centro Espírita, bem como a ajuda de mentores espirituais, a par do tratamento médico, favorecem o reequilíbrio do paciente, com o que tenderão a desaparecer os sintomas.

Não é razoável, portanto, encaminhar às reuniões de intercâmbio com o Além pessoas que se apresentam para receber tratamento espiritual, porquanto, provavelmente, seu problema é de desajuste psíquico e não de desenvolvimento mediúnico.

O exercício mediúnico é destinado ao sensitivo natural, que capta com maior facilidade as vibrações do Plano Espiritual. Para ele isto é imperativo. Sua própria condição indica que assumiu, antes de reencarnar, compromisso nesse sentido.

O médium perfeitamente consciente de suas responsabilidades e disposto ao trabalho perseverante e disciplinado é um instrumento precioso dos benfeitores espirituais.

Mas como definir entre um e outro caso?

Inicialmente é difícil, porquanto os sintomas são semelhantes. Há os que experimentam fenômenos mediúnicos porque estão tensos e perturbados; há os que ficam tensos e perturbados por experimentarem fenômenos mediúnicos.

Somente após o tratamento espiritual, que deverá prolongar-se por alguns meses, envolvendo principalmente a iniciação nos postulados espíritas, será possível uma definição segura.

* * *

Importante destacar que o intercâmbio com o Além deve ter, como base indispensável para que seja produtivo e convincente, uma harmonização vibracional dos participantes. Isso exige conhecimento do processo e, sobretudo, das responsabilidades que ele envolve, o que não se pode esperar do neófito, que comparece apenas para receber benefícios.

Em *O Livro dos Médiuns*, no Capítulo III, "Do Método", Allan Kardec explica não admitir, nas reuniões por ele realizadas, "senão quem possua suficientes noções preparatórias para compreender o que ali se faz, persuadido de que se lá fossem, carentes dessas noções, perderiam o seu tempo, ou nos fariam perder o nosso".

Por isso, os Centros Espíritas devem ter reuniões específicas de estudo da Mediunidade, sem intercâmbio com o Além. Ali o assunto deve ser colocado ao alcance dos interessados, como parte do tratamento espiritual.

Seja qual for a extensão de nossa sensibilidade psíquica, ela existe e é parte importante de nossa personalidade, com insuspeitada e ampla influência em nossa vida.

Fundamental, portanto, que saibamos definir com propriedade a natureza dos fenômenos espirituais a que estamos sujeitos e como podemos disciplinar nossa mente de forma a controlá-los sem sermos controlados por eles.

- *Antes de cogitar do desenvolvimento de hipotética mediunidade, considere a necessidade de estudar o assunto. Sentar-se à mesa de trabalhos práticos sem conhecimento sobre o intercâmbio com o Além contraria a orientação espírita.*

- *Em* O Livro dos Médiuns, *de Allan Kardec, estão as noções básicas, e há outras obras, de leitura amena e instrutiva, com orientações preciosas. Dentre elas:* Você e a Mediunidade, *de Mario B. Tamassia;* A Mediunidade sem Lágrimas, *de Eliseu Rigonatii;* Médium, Mediunidade, Fenômeno Mediúnico, *de Sérgio Lourenço;* Estudando a Mediunidade, *de Martins Peralva;* Recordações da Mediunidade, *de Yvonne A. Pereira e* Na Seara dos Médiuns, *de Francisco Cândido Xavier. Em qualquer setor de aprendizado, temos nos livros a nossa melhor fonte de informação.*

- *Definir e disciplinar nossas faculdades psíquicas não é tão somente um recurso indispensável de equilíbrio e paz. Aprender a utilizá-las é uma das mais gratificantes realizações humanas. Algo semelhante ao cego de nascença que começa a enxergar.*

VARIAÇÕES DE HUMOR

— Eu estava muito bem, saudável, animado... De repente, sem motivo palpável, caí na "fossa" – uma angústia invencível, uma profunda sensação de infelicidade, como se a vida não tivesse mais graça...

Queixas assim são frequentes nas pessoas que procuram o Centro Espírita. Nesse estado toma corpo, não raro, a ideia de que a morte é a solução.

Conversávamos, certa feita, num hospital, com um rapaz que tentara o suicídio ingerindo substância tóxica. Socorrido a tempo, amargava sofrida recuperação.

Tentamos definir o motivo de tão grave iniciativa:

– Alguma desilusão sentimental?
– Absolutamente. Não tenho namorada.
– Problemas familiares?
– Pelo contrário. Dou-me muito bem com meus pais e irmãos.
– Perdeu o emprego?
– Trabalho há anos na mesma firma. O patrão parece contente comigo.
– Então, o que foi?
– É que eu estava entediado de viver. Entrei em estado de tristeza e achei que seria melhor morrer.
– Já se sentiu assim, anteriormente?
– Sim, de vez em quando...

* * *

Em Psicologia, o paciente poderia ser definido como ciclotímico, alguém com temperamento sujeito a variações intensas de humor – alegria e tristeza, euforia e angústia, serenidade e tensão. Tem períodos de grande energia, confiança, exaltação, alternados com aflições. Muita disposição e iniciativas hoje; amanhã, temores e inibições.

Os períodos negativos podem prolongar-se, instalando a depressão, a exigir tratamento especializado na área da psiquiatria. Como ela se alterna com estados de euforia, em que o paciente parece totalmente recuperado, sem que nada tenha ocorrido para justificar a mudança de humor, emprega-se a expressão "depressão endógena", algo que tem sua origem nas tendências constitucionais herdadas, algo que faz parte da personalidade do indivíduo.

Há uma retificação a fazer. A tendência à depressão é uma herança, realmente, não de nossos pais, mas de nós mesmos, porquanto as características fundamentais de nossa personalidade representam, essencialmente, a soma de nossas experiências em vidas pretéritas.

O que fizemos no passado determina o que somos no presente. Poderíamos colocar em dúvida a justiça de Deus se assim não fosse, porquanto é inadmissível, além de não encontrar nenhum respaldo científico, a existência de uma herança psicológica embutida nos elementos genéticos.

O que pesa sobre nossos ombros, favorecendo os estados depressivos, é a carga dos desvios cometidos, das tendências inferiores desenvolvidas, dos vícios cultivados, do mal praticado. Há pessoas que, pressionadas por esse peso, mergulham tão fundo na angústia que parecem cultivar a volúpia do sofrimento, com o que comprometem a própria estabilidade física, favorecendo a evolução de desajustes intermináveis.

* * *

De certa forma, somos todos ciclotímicos, temos variações de humor, sem que isso se constitua num estado mórbido: hoje em paz com a vida; amanhã brigados com a Humanidade. Nas nuvens por algum tempo; depois na "fossa".

E nem sempre, como ocorre com o paciente ciclotímico, há justificativa para essa alternância. Pelo contrário: frequentemente nosso humor se opõe às circunstâncias, como o indivíduo plenamente realizado no terreno afetivo, social e profissional que, não obstante, experimenta períodos de angústia; no outro extremo, o doente preso ao leito, padecendo dores e incômodos, que tem momentos de indefinível alegria e bem-estar.

Essa ciclotimia guarda relação com os processos de influência espiritual. Estados depressivos podem originar-se da atuação de Espíritos perturbados e perturbadores que, consciente ou inconscientemente assediam-nos. Popularmente se emprega o termo "encosto" para esse envolvimento.

Por outro lado, os estados de euforia, sem motivo aparente, resultam do contato com benfeitores espirituais que imprimem em nosso psiquismo algo de suas vibrações alentadoras.

- Hoje estou em estado de graça. Acordei bem disposto, feliz, sem nenhum "grilo" na cabeça - diz alguém, sem saber que tal disposição é fruto de ajuda recebida no plano espiritual durante as horas de sono físico, favorecendo-lhe um "alto astral".

* * *

Importante lembrar, também, o ambiente como fator de indução que pode precipitar estados de depressão ou euforia.

Num velório, onde os familiares do morto se deixam dominar pelo desespero, em angústia extrema, marcada por gritos e choro convulsivo, muitas pessoas se sentirão deprimidas, porquanto os sentimentos negativos são tão contagiosos como uma gripe. Se não possuímos defesas espirituais tenderemos a assimilá-los com muita facilidade.

Inversamente, comparecendo a uma reunião de cunho religioso, onde se cultua a prece, no empenho de comunhão com a Espiritualidade, ouvindo exortações relacionadas com a virtude e o bem, experimentaremos maravilhosa sensação de paz, como se houvéssemos ingerido milagroso clixir.

* * *

Há outro aspecto muito interessante, abordado pelo Espírito François de Genève, no capítulo V, de *O Evangelho Segundo o Espiritismo*:

"Sabeis porque, às vezes, uma vaga tristeza se apodera dos vossos corações e vos leva a considerar amarga a vida? É que o vosso Espírito, aspirando à felicidade e à liberdade, esgota-se, jungido ao corpo que lhe serve de prisão, em vãos esforços para sair dele. Reconhecendo inúteis esses esforços, cai no desânimo e, como o corpo lhe sofre a influência, toma-vos a lassidão, o abatimento, uma espécie de apatia e vos julgais infelizes.

Crede-me, resisti com energia a essas impressões, que vos enfraquecem a vontade. São inatas no espírito de todos os homens as aspirações por uma vida melhor; mas não as busqueis neste mundo e, agora, quando Deus vos envia os Espíritos que lhe pertencem, para vos instruírem acerca da felicidade que Ele vos reserva, aguardai pacientemente o anjo da libertação para vos ajudar a romper os liames que vos mantém cativo o Espírito. Lembrai-vos de que, durante o vosso degredo na Terra, tendes que desempenhar uma missão de que não suspeitais, quer dedicando-vos à vossa família, quer cumprindo as diversas obrigações que Deus vos confiou. Se, no curso desse degredo-provação, exonerando-vos dos vossos encargos, sobre vós desabarem os cuidados, as inquietações e tribulações, sede fortes e corajosos para os suportar. Afrontai-os resolutos. Duram pouco e vos conduzirão à companhia dos amigos por quem chorais e que, jubilosos por ver-vos de novo entre eles, vos estenderão os braços, a fim de guiar-vos a uma região inacessível às aflições da Terra".

* * *

Podemos concluir, em resumo, que a ciclotimia de nossa personalidade ocorre em função de pressões ambientes, de influências espirituais, do peso do passado e das saudades do Além.

E como superar as variações de humor, mantendo a serenidade e a paz em todas as situações

É evidente que não o faremos da noite para o dia, como quem opera um prodígio, mesmo porque isso envolve uma profunda mudança em nossa maneira de pensar e agir, o que pede o concurso do tempo.

Considerando, entretanto, que influências boas ou más passam necessariamente pelos condutos de nosso pensamento, podemos começar com o esforço por disciplinarmos nossa mente, não nos permitindo ideias negativas.

O apóstolo Paulo, orientando a comunidade cristã, em relação aos testemunhos necessários, ressalta bem isso, ao proclamar, na Epístola aos Filipenses (4,8):

"Tudo o que é verdadeiro, tudo o que é respeitável, tudo o que é justo, tudo o que é puro, tudo o que é amável, tudo o que é de boa fama, se alguma virtude há e se algum louvor existe, seja isso o que ocupe o vosso pensamento".

- Mexa-se. Desenvolva atividades. Ninguém "cai na fossa". Geralmente entramos nela quando renunciamos a uma vida ativa e empreendedora.

- Policie sua casa mental. Estados depressivos começam com insinuantes ideias infelizes.

- Ainda que não se sinta disposto, cultive a convivência com familiares, amigos, colegas de profissão. O isolamento contraria a natureza sociável do ser humano, favorecendo a instalação de desajustes íntimos.

CONFLITOS DOMÉSTICOS

Um dos mais graves problemas humanos está na dificuldade de convivência no lar. Pessoas que enfrentam desajustes físicos e psíquicos têm, não raro, uma história de incompatibilidade familiar, marcada por frequentes conflitos.

Há quem os resolva de forma sumária: o marido que desaparece, a esposa que pede divórcio, o filho que opta por morar distante.

Justificando-se em face das tempestades domésticas alguns espíritas utilizam o conhecimento doutrinário para curiosas racionalizações:

– Minha mulher é o meu carma: neurótica, agressiva, desequilibrada. Que fiz de errado no passado, meu Deus, para merecer esse "trem"?

– Só o Espiritismo para me fazer tolerar meu marido. Aguento hoje para me livrar depois. Se o deixar agora terei que voltar a seu lado em nova encarnação. Deus me livre! Resgatando meu débito não quero vê-lo nunca mais!

Conversávamos com idosa confreira que teve conturbada convivência com o esposo, falecido há alguns anos. E lhe dizíamos, brincando:

– A senhora vai ficar feliz quando desencarnar. Reencontrará seu querido. Ele a espera...

A resposta veio pronta, incisiva:

– Isso nunca! Prefiro ir para o inferno!

Um pai nos dizia:

– Certamente há um grave problema entre mim e meu filho, relacionado com o passado. Em certas ocasiões sinto vontade de esganá-lo. Ele me desafia, olha-me com ódio. Preciso controlar-me muito para não perder a cabeça.

Realmente, nesses relacionamentos explosivos que ocorrem em muitos lares há o que poderíamos definir como "compromisso cármico". Espíritos que se prejudicaram uns aos outros e que, não raro, foram inimigos ferozes, reencontram-se no reduto doméstico.

Unidos não por afetividade, nem por afinidade, e sim por imperativos de reconciliação, no cumprimento das leis divinas, enfrentam inegáveis dificuldades para a harmonização, mesmo porque conservam, inconscientemente, a mágoa do passado. Daí as desavenças fáceis que conturbam a vida familiar. Naturalmente, situações assim não interessam à nossa economia física e psíquica e acabam por nos desajustar.

※ ※ ※

Imperioso considerar, todavia, que esses desencontros são decorrentes muito mais de nosso comportamento no presente do que dos compromissos do pretérito. Não seria razoável Deus nos reunir no lar para nos agredirmos e magoarmos uns aos outros.

Ouvimos, certa feita, de Henrique Rodrigues, conhecido expositor espírita, uma expressão feliz a respeito do assunto: "Deus espera que nos amemos e não que nos amassemos".

É incrível, mas somos ainda tão duros de coração, como dizia Jesus, que não conseguimos conviver pacificamente. Reunamos duas ou mais pessoas numa atividade qualquer e mais cedo ou mais tarde surgirão desentendimentos e desarmonia. Isso ocorre principalmente no lar, onde não há o verniz social e damos livre curso ao que somos, exercitando o mais conturbador de todos os sentimentos, que é a agressividade.

Neste particular, o estilete mais pontiagudo, de efeito devastador, é o palavrão. Pronunciado sempre com entonação negativa, de desprezo, deboche ou cólera, é qual raio fulminante. Se o familiar agredido responde no mesmo diapasão, o que geralmente acontece, "explode" o ambiente, favorecendo a infiltração de forças das sombras. A partir daí tudo pode acontecer: gritos, troca de insultos, graves ofensas e até agressões físicas, sucedidos, invariavelmente, por estados depressivos que desembocam, geralmente, em males físicos e psíquicos.

* * *

Se desejamos melhorar o ambiente doméstico, em favor da harmonização, o primeiro passo é inverter o processo de cobrança.

Normalmente, os membros de uma casa esperam demais uns dos outros, reclamando atenção, respeito, compreensão, tolerância... A moral cristã ensina que devemos cobrar tudo isso sim, e muito mais, mas de nós mesmos, porquanto nossa harmonia íntima depende não do que recebemos, mas do que damos. E, melhorando-nos, fatalmente estimularemos os familiares a fazer o mesmo.

Todos aprendemos pelo exemplo, até o amor. Está demonstrado que crianças carentes de afeto têm muita dificuldade para amar. Será que estamos dando amor aos familiares?

Não é fácil fazê-lo, porquanto somos Espíritos muito imperfeitos. Mas foi para nos ajudar que Jesus esteve entre nós, ensinando-nos como conviver harmoniosamente com o semelhante, exercitando valores de humildade e sacrifício, marcados indelevelmente pela manjedoura e pela cruz.

Um companheiro afirma, desalentado:

– Tenho feito todo o possível para harmonizar-me com minha esposa, cumprindo o Evangelho. Esforço quase inútil, porquanto ela é uma pessoa intratável, sempre irritada e agressiva. Não sei o que fazer...

Talvez lhe falte um tanto mais de perseverança, já que é impossível alguém resistir indefinidamente à ação do Bem. Parta-se do princípio lógico: "Quando um não quer, dois não brigam". Não existem brigas unilaterais.

Em qualquer circunstância, em favor de nossa paz, é importante perseverarmos nos bons propósitos, cumprindo a recomendação de Jesus: "Perdoar não sete vezes, mas setenta vezes sete".

Quem sempre perdoa, mantém sempre o próprio equilíbrio.

A propósito, no livro *A Sombra do Abacateiro* o autor, Carlos A. Baccelli, reporta-se a sugestivo episódio relatado por Francisco Cândido Xavier. Diz o querido médium:

"Em Pedro Leopoldo, fomos procurados por uma senhora sofredora que era casada há dezoito anos... Tinha lições difíceis para dar; seu esposo e seus dois filhos eram complicados; era obrigada a pensar em perdão, em bondade e em compaixão muitas vezes por dia.

E pedia a Emmanuel uma orientação. Ele respondeu que ela deveria continuar perdoando sempre. Ela replicou que já estava cansada, doente, ao que o nosso Benfeitor redarguiu, lembrando que existiam milhões de pessoas no mundo, cansadas e doentes também... Emmanuel recordou o que disse Jesus a Pedro - perdoarás setenta vezes sete.

Aquela irmã respondeu, então: - Olha, meu caro Amigo, eu já fiz as contas e eu já ultrapassei, em dezoito anos, o número quatrocentos e noventa...

Depois de uma breve pausa, Emmanuel lhe falou por fim:

– Mas você se esqueceu de uma coisa; é perdoar setenta vezes sete *cada ofensa...*"

- *Exerça severa vigilância sobre o que fala. Geralmente as desavenças no lar têm origem no destempero verbal.*

- *Diante de familiares difíceis, não diga: "É minha cruz!" O único peso que carregamos, capaz de esmagar a alegria e o bom-ânimo, é o de nossa milenar rebeldia ante os sábios desígnios de Deus.*

- *Elogie as virtudes do familiar, ainda que incipientes, e jamais critique seus defeitos. Como plantinhas tenras, tanto uns como outros crescem na proporção em que os alimentamos.*

- *Evite, no lar, hábitos e atitudes não compatíveis com as normas de civilidade vigentes na vida social. Sem respeito pelos companheiros de jornada evolutiva fica difícil sustentar a harmonia doméstica.*

- *Cultive o diálogo. Diz André Luiz que quando os componentes de um lar perdem o gosto pela conversa, a afetividade logo deixa a família.*

DESVIOS DE ROTA

Em férias numa cidade litorânea, o turista observava um morador da localidade que, diariamente, vinha à beira-mar, pescava dois peixes e se retirava. Finalmente, não se conteve. Aproximou-se e perguntou:
– Por que o senhor não pesca um pouco mais?
– Para quê?
– Venderá parte do pescado.
– Para quê?
– Com o dinheiro arrecadado comprará apetrechos de pesca.

– Para quê?
– Pescará mais peixes. Terá mais dinheiro.
– Para quê?
– Equipará um barco, contratará funcionários.
– Para quê?
– Ganhará muito dinheiro!
– Para quê?
– Ora, ficando rico não terá preocupações materiais e poderá dedicar-se ao que gosta de fazer...
– Bem, – concluiu o pescador – então não é preciso nada disso, porque meu maior prazer é pescar dois peixes diariamente.

* * *

O bom senso nos diz que existe uma finalidade para a jornada humana. Deus não nos colocou no Mundo por mero diletantismo, como quem procura diversão.

O grande segredo do equilíbrio e da felicidade é justamente definir o que nos compete fazer. Poucos sabem, não porque seja difícil, mas por desinteresse. Daí ocorrer, frequentemente, o que poderíamos definir como "desvio de rota", algo semelhante a alguém que efetua uma viagem e se perde no caminho.

A história do pescador ilustra com propriedade duas situações características desse desvio: Na primeira, o indivíduo ambicioso, que multiplica afazeres visando consolidar uma situação financeira que lhe garanta a liberdade de fazer o que deseja. É o pescador que se envolve tanto com os peixes que, julgando-se proprietário, situa-se como mero escravo dos bens que acumula. Na segunda, o indivíduo acomodado na rotina, preso ao imediatismo, sem cogitações mais nobres, além do peixe de cada dia. Perde tempo e não raro se compromete com vícios e desregramentos que vicejam em tediosa inércia, como miasmas em água parada.

Entre essas duas situações extremadas transitam os homens, em graus menores ou maiores de comprometimento com a ambição ou o acomodamento, favorecendo a manifestação frequente de desajustes e perturbações que os afligem. E quando surgem as cobranças cármicas, representadas por dissabores variados, desabam no desespero, na revolta, na inconformação, que lhes complicam a existência.

* * *

A Doutrina Espírita nos oferece um roteiro precioso para que não nos percamos em desvios indesejáveis, explicando-nos:

1º - Somos Espíritos eternos, filhos de Deus, que imprimiu em nós algo de suas potencialidades. Dentre elas destacaríamos o *poder criador* que exercitamos pelo pensamento contínuo, com o qual sustentamos nosso universo interior e desenvolvemos nossas próprias iniciativas.

2º - Fomos criados para o Bem, que se realiza no esforço da Verdade, do Amor, da Caridade, da Justiça. Podemos constatar isso observando que ao negarmos esses valores fatalmente nos tornamos infelizes, tão desajustados quanto uma laranjeira que pretendesse produzir melancias. Quando nos comprazemos no erro, no vício, na inconsequência, é como se agredíssemos a nós mesmos, exercitando o mal, porquanto intrinsecamente, de acordo com a nossa filiação divina, estamos destinados à bondade.

3º - A Terra é um educandário onde nos vemos na contingência de usar, no instituto da reencarnação, um admirável instrumento evolutivo: o corpo físico. É ele que nos familiariza com o trabalho, ante a necessidade de garantir-lhe a subsistência, sob inspiração do instinto de conservação, próprio dos seres vivos, ajudando-nos a superar a indolência; é ele o agente precioso para choques evolutivos como o nascimento e a morte, que agitam os refolhos de nossa consciência, acelerando o despertar para a responsabilidade.

4º - Os sofrimentos humanos, tanto físicos como espirituais, desbastam nossas imperfeições mais grosseiras, ajudando-nos a compreender que, assim como as laranjeiras foram feitas para produzir laranjas, o homem foi criado para realizar o Bem. É por isso que nossos impulsos mais generosos, no exercício da solidariedade, manifestam-se quando enfrentamos a adversidade. É difícil não nos sensibilizarmos com a dor alheia quando a experimentamos em nós mesmos.

5º - Seremos felizes na medida em que orientarmos nossas iniciativas no esforço por cumprir os desígnios divinos, admiravelmente sintetizados nas lições de Jesus, o mestre por excelência.

* * *

Inegavelmente, nenhum roteiro, por mais precioso, objetivo e claro, fará algo em nosso benefício, se não nos dispusermos a conhecê-lo devidamente, pelo estudo, e a seguir-lhe as orientações, caminhando na direção indicada. A perseverança nesse propósito é, sem dúvida, uma questão de maturidade. Consideremos, entretanto, a vantagem de acelerar esse amadurecimento. Não se trata de "forçar a natureza", mas de favorecer-lhe os objetivos. Quem se empenha mais caminha mais depressa. É importante cogitarmos dessa possibilidade, já que a meta a ser atingida é a nossa realização plena como filhos de Deus, habilitando-nos à felicidade em plenitude.

- Cuidado com a ambição. Quando os bens materiais deixam de ser parte da existência, convertendo-se em finalidade dela, entramos por caminhos perigosos.

- Fuja à rotina do comer, beber, dormir, divertir-se. Cada dia que nasce é um convite do Céu para que iluminemos nossa existência com iniciativas de aprendizado e trabalho para a conquista de inalienáveis valores de sabedoria e virtude.

- Evite os "desvios de rota" cultivando a reflexão. Mais importante do que cogitar o que desejamos para nossa vida é compreender o que a Vida espera de nós.

REPENSANDO A MORTE

Uma situação constrangedora:
Cumprimentar, em velórios, os familiares do falecido.
À falta de algo mais original, assumimos expressão grave, compungida, estendemos a mão e pronunciamos o indefectível:
– Meus pêsames...
Se o desenlace ocorreu após longa enfermidade, acrescentamos:
– Sofreu muito! Finalmente descansou...
Há quem consiga, simultaneamente, lamentar a morte e promover o morto:

– Coitado! Tão bom!... Morreu!
Seria a morte o castigo dos maus?
O contrário também acontece. Se era jovem, comentam:
– Os bons morrem cedo! – ideia nada lisonjeira para os idosos.

* * *

A ignorância em torno do assunto é generalizada, inspirando temores terríveis nos que partem e angústias insuperáveis nos que ficam.

Há pessoas que parecem incapazes de tornar à normalidade quando falece um ente querido, principalmente se envolve circunstâncias trágicas. Pesquisas demonstram que um ou dois anos após a separação é comum os viúvos serem acometidos por graves problemas de saúde que, não raro, culminam com sua morte.

Pessoas conturbadas, nervosas e doentes, em virtude do desencarne de afeto caro ao seu coração, aportam no Centro Espírita. Procuram não apenas a cura para seus males, mas, sobretudo, uma mensagem de conforto e esperança, que lhes restitua a vontade de viver.

A Doutrina Espírita tem muito a nos oferecer nesse sentido, tanto que é notório o comportamento mais tranquilo dos espíritas diante da morte.

Conversamos, certa feita, com um oncologista (médico especialista em câncer), habituado a lidar com doentes terminais (que estão no fim da existência). Empenhado em ajudá-los a enfrentar com serenidade os últimos dias, encontra insuperável dificuldade: os pacientes, em sua maioria, recusam-se a encarar a perspectiva de sua própria morte.

Disse-nos ele que com os espíritas não há esse problema.

Por quê? Seriam, porventura, mais evoluídos os profitentes da Doutrina Espírita?

Evidente que não!

Ocorre que o Espiritismo nos oferece uma visão mais objetiva, eliminando fantasias que fazem da morte algo terrível, tétrico, assustador, como se fosse o que de pior pudesse acontecer à criatura humana.

* * *

Sob a ótica espírita não há por que dizer "meus pêsames" aos familiares do morto. Seria o mesmo que oferecer condolências ao prisioneiro de uma penitenciária, cujo companheiro de cela, após cumprir sua pena, ganhou a liberdade.

A morte *é* a nossa porta de libertação. Em tempo oportuno, na infância, juventude, madureza ou velhice, segundo os programas de Deus, no instituto das experiências necessárias à nossa evolução, deixamos o corpo denso, pesado, que limita nossos movimentos, que inibe nossas iniciativas, que restringe nossas percepções, e retomamos à amplidão, à vida em plenitude.

* * *

Ante familiares que falecem, muitos, embora aceitando princípios religiosos que consagram a imortalidade, desesperam-se por sentir que, de certa forma, os perderam, porquanto, segundo suas concepções, aqueles que partem permanecem irremediavelmente distantes, às voltas com beatitudes celestes ou tormentos infernais.

Para essas pessoas o Espiritismo tem excelentes notícias, demonstrando que nossos amados continuam ligados a nós. Eles nos vem, nos visitam, nos estimulam, nos sustentam nos momentos difíceis e, sobretudo, nos esperam... E tanto mais feliz será o reencontro quando chegar a nossa hora, quanto maior o nosso empenho em enfrentar com serenidade, firmeza e equilíbrio o desafio de viver sem eles na Terra.

A esse propósito vale destacar a observação de um agonizante à esposa que, em desespero, dizia-lhe não ter condições para continuar vivendo. Buscaria o suicídio tão logo ele expirasse.

– Por favor, minha querida, livre-se dessa ideia infeliz. O suicídio tornaria impossível nossa união na Espiritualidade. E isso *é* o que mais desejo, tanto quanto você.

* * *

Ante o conhecimento espírita é uma impropriedade afirmar, à guisa de conforto, que o falecido "descansou". Isto sim, seria terrível, em perturbadora estagnação. Para sua felicidade, ele continuará a movimentar-se em novos planos, em múltiplas experiências, trabalhando, estudando, adquirindo conhecimentos, lutando, sofrendo, sonhando, vivendo enfim, nos caminhos da evolução.

Da mesma forma, não há por que o considerarmos "coitado", porque morreu. Coitados são aqueles que se comprometem com a irresponsabilidade, a indolência, a corrupção, o vício, o crime... Estes, sim, devem ser lamentados, porque semeiam espinhos que fatalmente serão chamados a colher.

* * *

Com a disseminação dos princípios espíritas, temores e dúvidas a respeito da morte serão superados, compreendendo-se que ela, em verdade, não existe. A vida é eterna, alternando-se no plano físico e espiritual, de conformidade com nossas necessidades evolutivas.

E se quisermos a fórmula ideal para enfrentar nossa própria morte, é simples: Vivamos cada dia como se fosse o último. Imaginemos todo o bem que praticaríamos e todo mal que evitaríamos, se aprouvesse a Deus chamar-nos amanhã.

- *Habitue-se à ideia de que estamos em trânsito pela Terra. A morte não nos assustará se a identificarmos como mero passaporte para a espiritualidade, na viagem eterna da Vida.*
- *Encare o fato de que mais cedo ou mais tarde ver-se-á às voltas com o falecimento de familiares. Admitindo essa fatalidade ficará mais fácil aceitar a separação quando chegar a hora.*
- *Ante o afeto que parte, cultive submissão aos desígnios divinos. Revolta, desespero, inconformação, desequilíbrio, que exacerbam terrivelmente todas as dores, só têm acesso ao nosso coração quando não confiamos em Deus.*

A COR DO MUNDO

O ancião descansava em tosco banco, à sombra de uma árvore, quando foi abordado pelo motorista de um automóvel que estacionou a seu lado:
– Bom dia!
– Bom dia!
– Mora aqui?
– Sim, há muitos anos...
– Venho de mudança. Gostaria de saber como é o povo.
– Fale antes da cidade de onde vem.
– Ótima. Maravilhosa! Gente boa, fraterna... Fiz muitos amigos. Só a deixei por imperativos da profissão.

— Pois bem, meu filho. Esta cidade é exatamente igual. Vai gostar daqui.

O forasteiro agradeceu e partiu. Minutos depois apareceu outro motorista:

— Estou chegando para morar aqui. O que me diz do lugar?

— Como é a cidade de onde saiu?

— Horrível! Povo orgulhoso, cheio de preconceitos, arrogante! Não fiz um único amigo!

— Sinto muito, meu filho, pois aqui você encontrará o mesmo ambiente.

* * *

Vemos nas pessoas algo do que somos, do que pensamos, de nossa maneira de ser.

Se o indivíduo é nervoso, agressivo ou pessimista, verá tudo pela ótica de suas tendências, *imaginando* conviver com gente assim.

Há iniciantes espíritas que, no primeiro contato com o Centro Espírita, integram-se, sentindo que o ambiente é bom, o pessoal é fraterno, fácil de conviver e de fazer amizade.

E há os que, no mesmo grupo, reclamam de frieza dos companheiros, desatenção dos dirigentes, falta de comunicação. Estes acabam transferindo-se para outro Centro, onde encontram idênticos problemas que, basicamente, residem em si mesmos.

Pessoas assim, se atormentam com a convicção de que ninguém as entende, ninguém as estima, ninguém lhes têm consideração. Semelhante atitude é um desastre, conturbando-lhes o psiquismo e favorecendo o envolvimento com influências espirituais que realimentam indefinidamente seus "grilos" e exacerbam suas angústias.

* * *

É preciso "mudar de óculos". Evitar "lentes negras", a visão escura, sombria, pesada, densa.

Com "lentes claras", de otimismo e alegria, enxergaremos melhor, caminharemos com mais segurança, sem tropeços indesejáveis, sem distorções da realidade.

Uma visão pouco objctiva da Lei de Causa e Efeito, se usamos "óculos negros", pode resultar em lamentáveis enganos no enfoque existencial, com a impressão paralisante de que tudo é carma, até a infelicidade.

– Meu carma, nesta vida, é a impossibilidade de ser feliz! Carrego pesada cruz, transitando por espinhentos caminhos!.

Temos aqui uma obra prima de pessimismo. Quem assim fala não entendeu o Espiritismo. O carma diz respeito a situações educativas que, mesmo quando insuperáveis, não têm necessariamente que afetar nossos estados de ânimo, enterrando-nos nas profundezas da depressão e do desânimo.

A felicidade não é um favor do Céu, assim como a infelicidade não é uma imposição do destino. Ambas dependem muito mais do que oferecemos à Vida e muito menos do que dela recebemos.

O indivíduo pode nascer sem braços, ter grave enfermidade congênita, sofrer irreparável perda material, enfrentar sérios embaraços no relacionamento familiar – cumprindo seu carma – e ainda assim conservar a capacidade de ser feliz. Depende exclusivamente dele, de como enfrenta seus problemas.

O carma é imposição das Leis Divinas, nos caminhos da regeneração. A felicidade não tem nada a ver com ele, porquanto é uma construção que devemos erguer na intimidade de nós mesmos, pensando e realizando o Bem.

Lembrando uma velha expressão: "A felicidade não é uma estação, na viagem da existência; felicidade é uma maneira de viajar".

* * *

Se usarmos "óculos claros", sentiremos que em todas as situações sempre há aspectos positivos e é neles que devemos fixar nossa atenção, aproveitando as experiências que Deus nos oferece e fazendo o melhor.

No folclore evangélico, conta-se que certa feita Jesus seguia com os discípulos por uma estrada quando deparou com um cão morto, já em início de decomposição. Os discípulos reclamaram do mau cheiro, mas o Mestre, após contemplar por alguns instantes o animal, comentou com simplicidade:

– Que belos dentes tem esse cão!...

A maneira como vemos tem influência decisiva em tudo o que fazemos, até na atividade profissional.

Um fabricante de calçados enviou dois vendedores para uma região subdesenvolvida, a fim de avaliar as possibilidades de vendas.

O primeiro, após alguns dias de pesquisa, telegrafou:

– Mercado péssimo. Todos andam descalços.

O segundo, com idêntico levantamento, informou:

– Mercado promissor. Ninguém tem sapato!

* * *

Não é fácil "mudar de óculos", cultivar otimismo irrestrito, ver o lado positivo das situações e das pessoas, mesmo porque estamos condicionados por seculares tendências negativas. No entanto, em nosso próprio benefício, é preciso iniciar um treinamento nesse sentido, considerando que "princípio de angu é mingau". Com boa vontade e perseverança chegaremos lá.

Conhecemos companheiros que alcançaram importantes realizações no cultivo do otimismo.

Diante de um acidente de automóvel, um deles nos informou:

– Foi terrível. O carro ficou inutilizado, mas graças a Deus foi só prejuízo material. Eu e minha esposa saímos praticamente ilesos, com leves escoriações. Espiritualmente, lucrei. Eu era afoito. Corria muito nas estradas. Agora respeito as regras de trânsito. Dirijo com prudência.

Outro, às voltas com problemas domésticos, revela:

– Meus familiares me santificam, apontando minhas mazelas e oferecendo-me preciosa oportunidade de testar o aprendizado de princípios religiosos.

Um terceiro, portador de insidiosa moléstia de pele, que inundou de pústulas horríveis e repugnantes seu corpo, deixando-o com assustadora aparência, tranquilizava os visitantes:

– Não se assustem, nem se condoam. É apenas um eficiente tratamento de beleza para meu Espírito.

* * *

É tudo uma questão de ótica. Tudo fica mais claro e fácil se usamos "óculos" adequados.

O pior problema, a situação mais difícil, a doença mais insidiosa, a família mais complicada, são aceitáveis, se o olhar vai além das contingências humanas.

Num hospital, especializado em tratamento do câncer, onde é importante uma atitude otimista em favor da recuperação, há significativa e edificante orientação poética, exposta em pequeno quadro. Ela diz tudo sob a ótica insuperável do Cristo :

"O Mundo tem sua cor...
É você que mede o mundo e o vê como é você.
Se você põe óculos de bondade, de amor,
Tudo é belo, positivo,
Porque positivo e belo está você.
Se você é vingativo,
Invejoso, egoísta,
Vê o Mundo desse jeito,
Porque desse jeito é você.
Do modo que você fala,
Do modo que você vê,
Do modo que você pensa,
Desse modo é você.
Você é a medida do seu mundo,
Mas... que felicidade! Que alegria!
Se Cristo fosse a medida de você!"

- Não reclame dos percalços da existência. As situações difíceis podem impedir que sejamos plenamente felizes, mas seremos decididamente infelizes se nos empolgarmos com elas.

- Encare com bom ânimo os problemas de cada dia, situando-os por experiências necessárias e valiosas. Quanto mais azedo o limão, melhor a limonada, se usarmos de otimismo – o açúcar da Vida.

- Não tente "mudar o Mundo" impondo sua maneira de ser àqueles que o rodeiam. Só nos é lícito e necessário mudar a nós mesmos, no empenho por superarmos os aspectos negativos de nosso comportamento.

- Harmonize suas aspirações com os objetivos da jornada humana, cultivando os valores do Bem. Nada nos induzirá ao desalento se estivermos empenhados em colaborar com Deus na edificação de Seu Reino na Terra.

O REENCONTRO

Em *A Mãe que Desistiu do Céu*, Mario Tamassía, um dos melhores escritores espíritas, reporta-se a uma mulher que, em face de seus méritos, foi alçada ao Céu[1] após a morte. Ali soube que o filho estava no Inferno. Dirigindo-se aos seus superiores, explicou:

– Então me perdoem. Não posso ficar aqui no Céu e meu filho no Inferno. Vou-me embora para ajudá-lo. Coitado do Ditinho, ele deve estar precisando de mim.

---

[1] *Céu e inferno não são locais geográficos, mas estados de consciência. Não obstante, essas expressões podem ser utilizadas para definir a reunião de Espíritos felizes ou atormentados.*

O episódio ilustra bem o que é o amor materno – o mais sublime de todos – capaz de renunciar às alegrias celestiais para socorrer o filho nas regiões infernais.

E não é exatamente isso que ocorre na Terra, este imenso purgatório, onde vemos mulheres abnegadas sacrificando-se em favor de filhos transviados, presos, não raro, às grades de sofrimentos regeneradores? Só esse relato vale o livro. Mas há muito mais, sobretudo a encantadora história que o autor denominou "O Carvalho Embandeirado de Esperança", que, pedindo licença ao estimado Tamassía, transcrevemos:

"Um grupo de rapazes e moças resolve fazer uma viagem turística rumo à cálida Flórida, deixando a região fumarenta de Nova Iorque. Meteram-se no ônibus, sempre muito alegres e extrovertidos. Todavia, no ônibus viajava um cidadão sempre macambúzio e voltado para dentro de si próprio, porquanto esquivo, e que não aceitava abrir conversa com ninguém.

Não só calado, mas profundamente triste, contrastando com a alacridade juvenil do ambiente. Mordicava os próprios lábios e parecia em cogitações estranhas.

Uma jovem do grupo, no entanto, conseguiu-se aproximar do mesmo e teve ensejo de formular-lhe estas perguntas que todos desejariam fazer, sem que tivessem coragem.

– Qual é o seu nome?

– Vingo.
– Que nome interessante! Você é casado?
– Não sei se sou casado.
– Como pode ser isto?
– Estou saindo de uma penitenciária. Da prisão, escrevi para minha mulher que estaria ausente muito tempo e que, se ela não aguentasse, se os nossos filhos começassem a fazer perguntas, e isto lhe fosse muito doloroso, me esquecesse. Eu compreenderia. "Arranje outro homem" – disse-lhe. Também acrescentei: "Não precisa escrever mais". E, de fato, ela nunca mais me escreveu.
– E você está voltando para casa?
– É isso mesmo, pois, quando na semana passada me concederam livramento condicional, escrevi à minha mulher de novo. Existe, na entrada da cidade, onde morávamos, um grande carvalho. Se ela ainda me quisesse de volta, deveria amarrar um lenço verde à árvore. Se, pelo contrário, não me desejasse mais, não amarrasse lenço algum.
– Meu Deus! – exclamou a jovem, comovida.
"As moças e os rapazes ficaram todos sabendo da história. O ônibus começou a aproximar-se da cidade. Todos olhavam pela janela. Por fim, surgiu o frondoso carvalho. Vingo parecia petrificado. De repente, levantou-se e os seus olhos brilharam. O carvalho parecia uma árvore de Natal. Havia nele vinte ou trinta lenços

verdes. Era uma mensagem extraordinária de boas vindas. Moças e rapazes se puseram a gritar, chorar e dançar dentro do ônibus. Vingo desceu e se foi ao encontro do amor e da vida".

* * *

A experiência de Vingo pode ser tomada à conta de uma versão moderna da Parábola do Filho Pródigo, uma das mais importantes contadas por Jesus.

Ela nos fala de um rapaz que, aborrecido com as disciplinas do lar, aproximou-se de seu pai, reivindicando:

Pai, dá-me a parte da herança que me toca.

Atendido em sua pretensão, partiu para país longínquo, onde em pouco tempo gastou a pequena fortuna que portava, vivendo dissolutamente. Era época de depressão. Grassava o desemprego. Sem grandes oportunidades, tudo o que conseguiu foi a função de guardador de porcos. Vivia miseravelmente, mal nutrido, com inveja até dos animais sob seus cuidados, que tinham alimento abundante. Afinal, depois de muito sofrer, "caiu em si" e considerou, intimamente:

"Quantos servos de meu pai têm pão com fartura e eu aqui estou morrendo de fome".

Decidiu, então, regressar.

Após longa viagem, coração pulsando em ritmo de emoção incontida, acercou-se da casa paterna. Estava irreconhecível, magro, roupas esfarrapadas, barba em desalinho, sujo - um verdadeiro mendigo. Mas o pai, com a secreta intuição dos que amam, reconheceu o filho e foi ao seu encontro. Este, a chorar copiosamente, ralado de arrependimento, disse:

– Pai, pequei contra o Céu e diante de ti; já não sou digno de ser chamado teu filho".

O genitor, porém, não o deixou prosseguir. Ergueu o jovem, abraçando-o com efusão e, transbordando de júbilo, dirigiu-se aos servos:

– Trazei depressa a melhor roupa e vesti-lha; ponde-lhe um anel no dedo e sandálias nos pés; trazei também o novilho cevado, matai-o, comamos e nos regozije-mos, porque este meu filho estava morto e reviveu, estava perdido e foi encontrado.

* * *

A parábola é de clareza meridiana. Todos nós, Espíritos em penosas experiências na Terra, somos os filhos pródigos que tomamos os patrimônios abençoados da Vida e os dilapidamos no vício, nas paixões, no comprometimento com a superficialidade, enveredando por tortuosos caminhos.

Empolgados por motivações egoístas, inspirados na eterna preocupação com o próprio bem-estar, malbaratamos as oportunidades de edificação da jornada humana e nos situamos por eternos insatisfeitos.

E quando surgem as grandes atribulações, os períodos de dificuldade que testam nossas aquisições morais ou exigem a reformulação de nosso comportamento, einos à semelhança do homem imprevidente que não se preparou quando na abundância, para os dias de escassez. Espírito vazio de ideais, coração atrelado às sombras da inconformação, situamo-nos quais mendigos de paz, atormentados por dúvidas e aflições, em clima de infelicidade crônica.

Enquanto houver fome de paz em nós é porque continuamos distanciados da "casa de Deus". O filho pródigo "caiu em si", segundo a expressão evangélica, isto é, reconheceu a necessidade imperiosa de regressar. Este é o primeiro passo para a abençoada comunhão com o Criador: reconhecer que estamos afastados dele, tão longe quanto nos levou a rebeldia, espaço tão grande entre nós quanto o tamanho de nossa angústia.

É naquele exato momento em que, analisando nossa existência, sentimos o peso de nossa fragilidade e a futilidade dos interesses humanos, que nos colocamos em condições de encontrar o caminho para Deus, na intimidade de nossos corações.

A jornada será longa, árdua, repleta de sacrifícios – sobretudo o sacrifício de nossas vaidades e interesses pessoais, mas o resultado é amplamente compensador. Afinal, estaremos a caminho de nossa gloriosa destinação.

E como nos receberá Deus? Com castigos, em face de nossa deserção? Com admoestações por nossa demora? Com a severidade do Senhor diante do servo em falta?

Não! Deus é o *nosso pai*. A parábola é muito clara a esse respeito. Festas e flores marcarão nosso encontro com Aquele que nos ama desde o princípio; que nos chama, que nos guia, que nos espera...

Quando exercitamos a reflexão e a virtude, que nos desenvolvem "olhos de ver", fatalmente enxergamos a Árvore da Vida, o Carvalho de Deus, repleto de bandeirolas luminosas, saudando nosso retorno à casa paterna.

- Se há intranquilidade em seu coração, procure um local solitário, detenha-se por alguns instantes, e pergunte a si mesmo: "A que distância estou de Deus?" Geralmente nos afastamos dele quando nos comprometemos com vícios e paixões; mais frequentemente isso ocorre pela simples indiferença em relação aos objetivos da existência.

- Ainda que haja abismos entre nós e o Criador, poderemos transpô-los imitando o filho pródigo que "caiu em si". A partir do glorioso momento em que reconhecemos nossas misérias morais habilitamo-nos a iniciar o regresso.

- Nesse propósito, habitue-se a analisar o que pensa, o que deseja, o que faz, com o questionamento fundamental: "Deus aprovaria?". É fácil definir. Deus sempre aprova as iniciativas que ampliam a Seara do Bem.

O SOCORRO DO CÉU

Montado em seu belo cavalo o rico fazendeiro se dirigia à cidade, como fazia frequentemente, a fim de cuidar de seus negócios. Nunca prestara atenção àquela casa humilde, quase escondida num desvio, à margem da estrada. Naquele dia experimentou insistente curiosidade. Quem morava ali?

Cedendo ao impulso, aproximou-se. Contornou a residência e, sem desmontar, olhando por uma janela aberta, viu uma garotinha de aproximadamente dez anos, ajoelhada, mãos postas, olhos lacrimejantes...

– Que faz você aí, minha filha?

— Estou orando à Virgem Maria, pedindo socorro... Meu pai morreu, minha mãe está doente, meus quatro irmãos têm fome...

— Que bobagem! O Céu não ajuda ninguém! Está muito distante... Temos que nos virar sozinhos!...

Embora irreverente e um tanto rude, era um homem de bom coração. Compadeceu-se, tirou do bolso boa soma de dinheiro e o entregou à menina.

— Aí está! Vá comprar comida para os irmãos e remédio para a mamãe! E esqueça a oração!...

Isto feito, retornou à estrada. Antes de completar duzentos metros, decidiu verificar se sua orientação estava sendo observada. Para sua surpresa, a pequena devota continuava de joelhos.

— Ora essa, menina! Porque não vai fazer o que recomendei? Não lhe expliquei que não adianta pedir?

E ela, feliz:

— Estou apenas agradecendo. Pedi ajuda à Virgem Maria e ela enviou o senhor!

* * *

Consagrada por todas as religiões, a oração é o canal divino que favorece a assimilação das bênçãos do Céu.

Da mesma forma que é importante ter um roteiro para a jornada terrestre, que nos diga de onde viemos e para onde vamos, é imprescindível manter o contato com a Espiritualidade, favorecendo o amparo de benfeitores espirituais que, em nome de Deus, nos sustentam e nos inspiram na caminhada.

Esse apoio se manifesta de duas formas:

Objetivamente, como na historieta narrada, em que mobilizam as circunstâncias em nosso favor.

Subjetivamente, em que nos falam pelos condutos da intuição, oferecendo-nos equilíbrio e serenidade para enfrentar trechos difíceis e incontornáveis do caminho.

* * *

Há quem informe:

– Meu problema é o sono. É só ensaiar a oração e sinto uma insuperável lassidão. Adormeço de imediato. Deve ser meu obsessor...

Perguntamos:

– Quando você ora?

– Ao deitar.

Está explicado. Normalmente vamos para a cama quando estamos sonolentos. Fica difícil até pronunciar um "Pai Nosso".

Começamos:

– Pai Nosso... que... estais... no Céu. San... ti... ficado seja... o vosso... nome...

E antes de evocar o Reino de Deus entramos no país dos sonhos. Não foi obsessor. Foi o sono...

Neste particular, não é recomendável a repetição de fórmulas verbais, que transforma a oração em mero exercício vocal, sem repercussões maiores em favor de nossa harmonia interior.

O próprio "Pai Nosso" não deve ser tomado à conta de uma poção mágica, cujos efeitos estejam subordinados à repetição. Trata-se, na realidade, de um *roteiro para orar*.

Jesus começa explicando o fundamental: Devemos ver em Deus nosso pai, dirigindo-nos a Ele com a veneração e o respeito de quem santifica o seu nome; e termina com o expressivo "assim seja", exprimindo a disposição que deve estar sempre presente em nós, no sentido de cumprirmos os desígnios do Criador.

E quais seriam eles?

Jesus os define na própria oração dominical, nos tópicos que aborda, dentre os quais destacaríamos a intransferível necessidade de superarmos mágoas e ressentimentos que tenhamos de alguém ("Perdoai-nos as nossas dívidas, assim como perdoamos aos nossos devedores"), já que é inconcebível reverenciar a um pai querendo mal a seus filhos.

***

É comum ouvirmos pessoas atormentadas a pedir que oremos por elas. De si mesmas não conseguem. Sentem-se envolvidas num turbilhonamento mental, com imensa dificuldade de concentração. Um exemplo típico: o alcoólatra, que geralmente tem a mente embotada pelo vício.

No entanto, a oração é o grande remédio. Em situações assim a pessoa deve simplesmente abrir seu coração e conversar com Deus, como o filho que pede o socorro do Pai:

– Meu Deus! Sei que estou errado. Que a bebida é uma perdição! Que estou comprometendo minha saúde e meu futuro, mas não consigo vencer o vício!... Senhor! Vós que tudo podeis, amparai este filho transviado! Ajudai-me a deixar este poço de perdição!...

Nesta oração singela temos os ingredientes básicos para receber decisivo apoio do Céu:

Primeiro: o alcoólatra confessa que está em erro;

Segundo: reconhece que o álcool está destruindo sua existência;

Terceiro: sabe que Deus pode ajudá-lo;

Quarto: dispõe-se a combater o vício.

Em síntese: humildade, contrição, confiança e anseio de renovação. Com tais ingredientes não há vícios ou mazelas que resistam aos misteriosos poderes da prece.

* * *

Temos conversado com pessoas que alegam inusitado e contraditório problema:

– Quando penso em ligar-me mais intimamente ao Plano Espiritual, cultivando a oração, parece que "as coisas pioram. Brigo com o cônjuge, perco a paciência com os filhos, o ambiente do lar fica tumultuado...

Lembramos certos medicamentos que provocam sequelas desagradáveis, como erupções na pele. O médico informa:

– É natural. O organismo está sendo depurado. Isso passa...

Algo semelhante ocorre quando nos dispomos a orar regularmente, buscando disciplinar nossos sentimentos. É como se revolvêssemos os refolhos de nossa alma. O resultado inicial pode ser contrário à paz pretendida, num processo de afloramento de males íntimos, como uma reação do "homem velho", que reluta em ceder lugar ao cristão renovado em Jesus, conforme propunha o apóstolo Paulo.

Considere-se, ainda, que se estivermos sob a influência de Espíritos perturbadores, "amigos", que exploram nossas mazelas e viciações, o que geralmente ocorre, eles fatalmente nos pressionarão, tentando nos convencer de que a oração complica a existência.

Semelhantes contratempos serão superados facilmente se perseverarmos na oração, aprimorando nossa sensibilidade, nossa capacidade de nos ligarmos a Deus que, em sua infinita bondade, espera que lhe estendamos as mãos para nos erguer da perturbação para o equilíbrio, da tristeza para a alegria, da enfermidade para a saúde, da indiferença para o serviço do Bem.

    - Habitue-se ao cultivo da oração. Ela se situa como precioso alimento, tão importante para a alma quanto o oxigênio para o corpo.

    - Converse com Deus, falando-lhe de seus ideais, anseios e receios. Invariavelmente o Senhor nos ajudará a pôr ordem em nossa casa mental, definindo o que é melhor para nós.

    - Não se preocupe em falar muito. O que vale é o sentimento. Sempre que nossa prece exprimir o desejo sincero de fazer o melhor, no propósito de cumprir a vontade do Criador, poderemos ouvi-lo na intimidade de nosso coração.

    - Evite transformar a prece em mero petitório. Considere que se não houver compatibilidade entre o que pedimos e o que Deus nos reserva, encontraremos imensa dificuldade para colher benefícios na oração.

    - Ao pronunciar o "Pai Nosso", faça-o lentamente, como um exercício de meditação, procurando definir o significado das expressões de Jesus. Nelas está o roteiro precioso de renovação, em favor de uma comunhão perfeita com Deus.

TRANSFUSÃO DE ENERGIAS

Saía Jesus da cidade de Jericó, acompanhado de seus discípulos e de grande multidão, quando um cego, de nome Bartimeu, começou a clamar, em altas vozes:

– Jesus, filho de David, tem compaixão de mim!

Algumas pessoas lhe ordenaram que se calasse, mas o cego, empolgado pelo desejo de ser beneficiado pelo generoso Rabi, insistia:

– Jesus, filho de David, tem compaixão de mim!

Ouvindo-o, o mestre nazareno recomendou aos discípulos que o trouxessem à sua presença.

– Que queres que eu faça? – perguntou-lhe
– Senhor, que eu veja.

Compadecendo-se, Jesus estendeu-lhe as mãos tocando em seus olhos, dizendo:

– Vai em paz. A tua fé te salvou.

No mesmo instante, o cego voltou a enxergar e, jubiloso, integrou-se no grupo que acompanhava o Messias.

* * *

Essa passagem evangélica, anotada por três evangelistas (Mateus 20,29-34; Marcos 10,46-52 e Lucas, 18,35-43), registra uma das curas espetaculares operadas por Jesus.

Muito mais que pela excelência de seus ensinos, ele seria aclamado pelos fenômenos prodigiosos que operava, particularmente na cura dos males humanos.

Essa procura do maravilhoso marca milenarmente o convívio dos homens com o Cristo. Multidões procuram o taumaturgo, o operador de milagres. Raros enxergam o Mestre por excelência, compreendendo que a maravilha maior será nossa conversão aos seus princípios redentores.

* * *

Jesus curou o cego de Jericó aplicando-lhe o passe magnético, terapia que desenvolveu largamente durante seu apostolado, no que foi imitado pelos discípulos que, em seu nome, aliviavam males do corpo e da alma.

O Espiritismo revive o mesmo tratamento, em toda sua simplicidade, sem magia, sem mistério, sem ritualismo.

O companheiro que se coloca diante do paciente, impondo-lhe as mãos sobre a cabeça, é apenas alguém de boa vontade que concentra seus melhores sentimentos no propósito de favorecê-lo com uma transfusão de energias magnéticas, de dois tipos:

O *magnetismo humano*, do próprio passista.

O *magnetismo espiritual*, de benfeitores desencarnados que controlam todo o processo.

A aplicação do passe no Centro Espírita é mera especialização de um dom próprio do ser humano. Todos podemos doar magnetismo curador. Muitos o fazem, inconscientemente. Há múltiplos exemplos: a mãe que acalenta o filho inquieto ao seio; o médico à cabeceira do doente, preocupado com sua recuperação; o religioso que ora por alguém; a benzedeira que atende a criança...

* * *

A eficiência do passe está associada a dois fatores:

O primeiro é a *capacidade do passista*. Como Jesus foi o modelo perfeito, fácil concluir que o melhor será aquele que mais se aproxime de sua orientação, desenvolvendo valores de serenidade, equilíbrio, dedicação e, sobretudo, amor pelo semelhante.

Embora os companheiros vinculados à tarefa estejam longe desse padrão, a Espiritualidade suprirá suas limitações, desde que não se acomodem às próprias fraquezas, cultivando empenho de renovação e desejo de servir.

O segundo fator, tão importante quando a capacidade do passista, é a *receptividade do paciente*. Imaginemos uma transfusão sanguínea. O doador faz sua parte, mas, no momento de injetar o sangue nas veias do doente, este retira a agulha nele introduzida, inviabilizando a transferência. O mesmo podemos dizer da transfusão de energia magnética que para completar-se exige empenho do beneficiário no sentido de sintonizar com aquele que o beneficia.

Aqui entra a fé.

– A tua fé te salvou – proclama Jesus, dirigindo-se a Bartimeu. Não se tratava de um prêmio à crença irrestrita, mas uma dramática demonstração de que é preciso confiar plenamente nos recursos mobilizados em nosso favor a fim de que possamos assimilá-los integralmente.

* * *

Outro ponto importante a considerar:

O passe é sempre uma *terapia de superfície*. Pode amenizar os efeitos – doenças e perturbações – mas não atinge as causas profundas, que se exprimem em nossa maneira de pensar, nas falhas de comportamento, nos vícios alimentados. Por isso, se nos limitarmos a recebê-lo, sem analisar mais profundamente as origens de nossos males, eles logo recrudescerão.

Saúde e equilíbrio não se sustentam em concessões gratuitas da Divindade. São conquistas que todos devemos realizar com o esforço da renovação, tendo por roteiro o Evangelho. Nele há *tônicos infalíveis* que operam prodígios de bem-estar quando deles fazemos uso. Todos os conhecemos sobejamente: a compreensão, a tolerância, a paciência, o perdão, a caridade, o amor, a misericórdia, a bondade...

Oportuno lembrar que frequentemente Jesus dispensava os beneficiários de suas curas, recomendando: "Vai e não peques mais para que não te suceda pior".

* * *

Há a questão do merecimento. Compromissos cármicos, decorrentes de nossos desatinos do passado, geralmente não podem ser removidos. Nenhum passista, por mais eficiente, nenhuma fé, por mais ardorosa, fará brotar uma perna em alguém que nasceu sem ela. Há determinados problemas físicos e psíquicos tão irremediáveis como a falta de um membro.

Mesmo assim, se cumprirmos as disciplinas do passe – fé e empenho de renovação –, ele nos beneficiará muito, revitalizando nossas forças e minimizando nossos males, para que enfrentemos o resgate do pretérito sem tormentos e sem atropelos, com o coração em paz.

Será algo semelhante a colocar abençoada almofada sobre os ombros, a fim de que se faça mais leve a cruz de nossa redenção.

Ao submeter-se à terapia do passe:

- *Evite atritos, desentendimentos, irritações, agressividade. Coração conturbado é "veia difícil" na transfusão magnética.*

- *Alimente-se frugalmente, evitando o sono que advém quando sobrecarregamos o estômago. É imperioso acompanhar atentamente as palestras doutrinárias que precedem a transfusão magnética, nas quais colhemos preciosas orientações.*

- *Observe a pontualidade, porquanto o passe é o* complemento *da ajuda que começamos a receber tão logo o dirigente da reunião pronuncia a prece de abertura. Paciente atrasado, terapia prejudicada.*

- *Enquanto espera sua vez, fuja de conversas vazias que não condizem com os objetivos da reunião. O folheto com mensagem espírita, tradicionalmente distribuído à entrada, é um convite para que nos disponhamos a meditar em torno de tema edificante, guardando valioso silêncio.*

- *Diante do companheiro que vai lhe aplicar o passe, eleve o pensamento em oração, consciente de que a ajuda maior virá do Céu. Quando fluem preces contritas, refluem as bênçãos de Deus.*

A MELHOR DIDÁTICA

Num lar modesto, em bairro da periferia, Dona Isabel, humilde viúva, deixa a costura com que provê as necessidades da família e convida os filhos, quatro meninas e um menino, para o culto doméstico.

Iniciada a reunião, uma das garotas, Neli, de nove anos, pronuncia a oração:

– Senhor, seja feita a vossa vontade, assim na Terra como nos Céus. Se está em vosso santo desígnio que recebamos mais luz, permiti, Senhor, tenhamos bastante compreensão no trabalho evangélico! Dai-nos o pão da alma, a água da vida eterna! Sede em nossos corações, agora e sempre. Assim seja!...

Joaninha, a filha mais velha, lê, em seguida, trecho de um livro doutrinário que discorre sobre a irreflexão, velho hábito humano de agir primeiro e pensar depois. Conclui com a leitura de uma notícia dando conta de lamentável episódio envolvendo uma jovem que se suicidou.

É a vez de Dona Isabel, que abre o Novo Testamento e lê o versículo trinta e um, capítulo treze, do Evangelho de Mateus:

– Outra parábola lhes propôs, dizendo: – O Reino dos Céus é semelhante ao grão de mostarda que o homem tomou e semeou no seu campo".

Comenta em seguida:

– Lemos hoje, meus filhos, uma página sobre a irreflexão e notícia de um suicídio em tristíssimas circunstâncias. Afirma o jornal que a jovem suicida se matou por excessivo amor; entretanto, pelo que vimos aprendendo, estamos certos de que ninguém comete erros por amar verdadeiramente. Os que amam, de fato, são cultivadores da vida e nunca espalham a morte. A pobrezinha estava doente, perturbada, irrefletida. Entregou-se à paixão que confunde o raciocínio e rebaixa o sentimento. E nós sabemos que, da paixão ao sofrimento ou à morte, não é longa a distância. Lembremos, todavia, essa amiga desconhecida, com um pensamento de simpatia fraternal. Que Jesus a proteja nos caminhos novos. Não estamos examinando um ato, que ao Senhor compete julgar, mas um fato, de cuja expressão devemos extrair o ensinamento justo.

Prosseguindo em seus comentários, Dona Isabel recorda que poucas pessoas se dispõem a meditar sobre o significado da vida e a respeito do que lhes compete fazer. As ações humanas, em grande parte, são como semeaduras mal feitas. A jovem suicida é apenas um exemplo. Há verdadeiros espinheiros no coração humano, fruto de irreflexões. E lembra as sementes de mostarda como símbolos de pequenas iniciativas – o pensamento positivo, a boa palavra, o gesto de bondade – cultivando a reflexão, com as quais conseguiremos frutos abençoados de felicidade e paz. E acentua:

– Tenhamos cuidado com as coisas pequeninas e selecionemos os grãos de mostarda do reino dos céus. Lembremos que Jesus nada ensinou em vão. Toda vez que "pegarmos" desses grãos, consoante a Palavra Divina, semeando-os no campo íntimo, receberemos do Senhor todo o auxílio necessário. Conceder-nos-á a chuva das bênçãos, o sol do amor eterno, a vitalidade sublime da esfera superior. Nossa semeadura crescerá e, em breve tempo, atingiremos elevadas edificações. Aprendamos, meus filhos, a ciência de começar, lembrando a bondade de Jesus a cada instante. O Mestre não nos desampara, segue-nos amorosamente, inspira-nos o coração. Tenhamos, sobretudo, confiança e alegria!"

Dona Isabel se estende, ainda, em alguns comentários preciosos sobre o assunto, após o que troca ideias com os filhos, desfazendo dúvidas e procurando sedimentar em seus espíritos princípios de legítima religiosidade.

Uma das meninas pergunta:

— Mamãe, se Jesus é tão bom, por que estamos comendo só uma vez por dia, aqui em casa? Na casa de Dona Fausta, eles fazem duas refeições, almoçam e jantam. Neli me contou que no tempo do papai também fazíamos assim, mas agora... Por que será?"

Esboçando um sorriso, a viúva explica:

— Ora, Marieta, você vive muito impressionada com essa questão. Não devemos, filhinha, subordinar todos os pensamentos às necessidades do estômago. Há quanto tempo estamos tomando nossa refeição diária e gozando boa saúde? Quanto benefício estaremos colhendo com esta frugalidade de alimentação?

Outra filha intervém:

— Mamãe tem toda razão. Tenho visto muita gente adoecer por abuso da mesa.

— Além disso – acentuou Dona Isabel, confortada –, vocês devem estar certos de que Jesus abençoa o pão e a água de todas as criaturas que sabem agradecer as dádivas divinas. É verdade que Isidoro partiu antes de nós, mas nunca nos faltou o necessário. Temos nossa casinha, nossa união espiritual, nossos bons amigos. Convençam-se de que o papai está trabalhando ainda por nós.

O diálogo prossegue, produtivo. Dona Isabel responde às indagações dos filhos, revelando-se uma preceptora amiga e inspirada, e também dotada de carinhosa energia, respondendo às impertinências do filho adolescente, um tanto rebelde, dominado por ideias diferentes.

Cumprido o horário, encerra-se a reunião com prece de agradecimento feita por uma das meninas.

* * *

A experiência aqui resumida está no livro *Os Mensageiros*, do Espírito André Luiz, psicografia de Francisco Cândido Xavier, oferecendo-nos um exemplo do que é o "Evangelho no Lar", que se difunde no meio espírita. Trata-se de uma reunião da família, na intimidade doméstica, para conversar sobre a moral cristã, à luz da Doutrina Espírita.

Nem sempre os pais se preocupam com a iniciação religiosa dos filhos. Não raro esperam que façam suas próprias opções na idade adulta.

Trata-se de grave engano. Ninguém, em perfeito juízo, deixa que as crianças decidam se devem frequentar os bancos escolares para a formação cultural e profissional.

Igualmente importante, indispensável, é a formação moral e espiritual. A liberalidade aqui não passa de perigosa omissão.

Muitos males que afligem as pessoas seriam evitados ou superados se houvessem recebido orientação religiosa, em doses adequadas ao seu entendimento, desde a infância.

Nos Centros Espíritas há cursos de iniciação dirigidos à infância, sustentados pelo esforço de valorosos companheiros.

* * *

Forçoso reconhecer, entretanto, que levar as crianças a participarem dessa abençoada atividade é apenas parte das responsabilidades dos pais, em favor de sua formação religiosa, posto que a melhor didática para o ensino do Evangelho – a base da verdadeira religiosidade – é o diálogo em família.

Curioso como as pessoas sentem certo constrangimento ao falar em Jesus fora dos círculos religiosos. É que não estão familiarizadas com suas ideias, raramente evocadas no lar, esse poderoso laboratório formador de tendências comportamentais.

No entanto, Jesus não é o mestre ausente, escondido no interior dos templos, mas o companheiro amigo de todas as horas, capaz de nos inspirar o melhor, onde estivermos.

Suas lições não são de cunho esotérico, destinadas aos reduzidos grupos iniciáticos. Ele nos fala do cotidiano, com ideias claras e objetivas, sempre ilustradas com exemplar vivência, ensinando-nos a valorizar o contato com o semelhante, no esforço do Bem.

E se o grande recurso de comunicação entre os seres humanos é a palavra, o Mestre nos explica como usá-la adequadamente, conversando sobre assuntos edificantes, instrutivos, produtivos, evitando as conversas divorciadas de valores morais e recheadas de banalidades, nas quais marcam presença a fofoca, a maledicência, o destempero verbal e até a imoralidade, que tanto conturbam o ambiente social.

Trazer Jesus para o lar – esta a grandiosa tarefa que compete aos pais, dialogando com os filhos a respeito de suas lições, estimulando-os ao cultivo das sementes abençoadas do Reino de Deus.

- Institua o "Evangelho no Lar". Quando nos reunimos para estudar os ensinamentos de Jesus é como se abríssemos as portas de nossa casa aos benfeitores espirituais, da mesma forma que desentendimentos e brigas, gritos e xingamentos, favorecem o assalto das sombras.

- O roteiro é de fácil aplicação, em reuniões semanais e horário fixo: prece, evocando a inspiração de Jesus; leitura de pequeno trecho de "O Evangelho Segundo o Espiritismo" ou obra similar; comentários pelos presentes, estabelecendo-se diálogo fraterno em torno da lição apresentada e, ao final a prece de agradecimento. Uma semeadura muito simples, de aproximadamente trinta minutos, mas que rende bênçãos de harmonia e paz para a semana inteira.

- Ao comentar as lições, considere-as um roteiro para analisar seu próprio comportamento. É fácil dialogar quando temos a humildade de reconhecer nossas fraquezas.

- Jamais use a moral evangélica para criticar possíveis falhas dos familiares. Uma das lições mais importantes de Jesus, para que possamos conversar pacificamente, é não incorrer em julgamento.

- Não permita que eventuais contratempos impeçam a realização da reunião. Sem assiduidade e perseverança, fica difícil sustentar qualquer iniciativa, particularmente aquelas que dizem respeito à nossa edificação espiritual.

PRESENÇA INVISÍVEL

"Influem os Espíritos em nossos pensamentos e em nossos atos?
Muito mais do que imaginais. Influem a tal ponto que, de ordinário, são eles que vos dirigem".
(O Livro dos Espíritos, questão n°459)

Um dos problemas mais sérios da existência humana é a influência exercida por Espíritos perturbados ou Perturbadores.

Embora revestindo essa realidade com o manto da fantasia, o que deu origem à figura mitológica ao demônio, todas as culturas religiosas, desde a mais remota antiguidade, reportam-se a ela.

A Doutrina Espírita, que tem o grande mérito de mostrar-nos como é o vasto continente espiritual, além-túmulo, oferece-nos informações preciosas, que nos ajudam a enfrentá-la com serenidade, sem maiores problemas.

Como ponto de partida ficamos sabendo que essa influência não é exercida por supostos seres infernais, devotados ao mal eterno. São apenas homens desencarnados, ou as almas dos mortos, agindo fora da carne de conformidade com as tendências que cultivaram enquanto encarnados, mas submetidos todos a leis inexoráveis de evolução, que mais cedo ou mais tarde os conduzirão aos roteiros do Bem, já que para isso fomos criados e Deus não falha jamais em seus objetivos.

* * *

A presença desses Espíritos se faz sentir em nós na forma de sentimentos, ideias, sensações e desejos que nos envolvem sutilmente, sem que saibamos definir com exatidão sua origem.

Uma tristeza repentina, um inesperado envolvimento passional, intraduzível ansiedade, impulsos agressivos, ideias negativas, sensações desagradáveis, impertinentes males físicos – tudo isso pode estar associado à presença de Espíritos que se aproximam, atendendo a variadas motivações.

Pode tratar-se, como ocorre frequentemente, de simples náufrago do Além, que precisa de socorro. Raras pessoas têm um retorno tranquilo à Vida Espiritual. Falta-lhes conhecimento e, sobretudo, preparo. Ligam-se tão intensamente aos interesses materiais (como se fossem permanecer eternamente na carne), que ao desencarnar não apresentam a mínima condição para reconhecer onde estão e o que lhes compete fazer, como atordoado sobrevivente de um naufrágio em ilha desconhecida.

Considere-se que o Plano Espiritual, a morada dos Espíritos, não é um compartimento estanque, à distância das cogitações humanas. Ele é tão somente uma projeção do plano físico. Começa exatamente aqui, onde estamos e aqui ficam aqueles que, libertando-se dos laços da matéria pelo fenômeno da morte, situam-se presos às ilusões humanas.

Espíritos assim podem permanecer no próprio lar, ao lado dos familiares. Ignorando sua nova condição, solicitam ajuda e se exasperam ou desesperam ao sentir que não são atendidos.

Se na casa há alguém com razoável sensibilidade psíquica, passa a colher algo das angústias e perplexidades do desencarnado e, não raro, sensações relacionadas com os sintomas da doença que motivou seu falecimento.

* * *

Dá-se o nome de obsessão ao domínio mental exercido por um Espírito desencarnado sobre alguém. Situações como a que descrevemos, configuram uma obsessão pacífica, já que o "morto" não pretende dominar ninguém e exerce sua influência sem noção do que faz, dos transtornos que ocasiona.

O tratamento não é difícil. Normalmente, a simples frequência daquele que lhe sofre a influência ao Centro Espírita é suficiente, porquanto o desencarnado tenderá a acompanhá-lo, recebendo recursos de esclarecimento e ajuda mobilizados pelos benfeitores espirituais.

* * *

Esse tipo de envolvimento pode partir de um Espírito desconhecido que, em idêntica situação de perplexidade e sem ter a quem recorrer, aproxima-se de nós, como o acidentado que pede socorro à primeira pessoa que lhe surge à frente.

O empenho por compreendermos os mecanismos que envolvem as relações entre os Espíritos encarnados e desencarnados, habilita-nos a prestar ajuda a esses companheiros desajustados, sem nos deixarmos envolver por seus desajustes.

- *Informe-se das condições necessárias à participação em grupos de trabalho mediúnico, no Centro Espírita. Eles funcionam como "pronto-socorro espiritual" em favor de desencarnados em dificuldade que venham a aproximar-se de nós.*

- *Quando surgirem ideias e sentimentos negativos, que contrariem suas disposições normais, elimine-os com uma boa leitura, uma oração contrita, bons pensamentos. As entidades sofredoras que nos procuram são suscetíveis de receber as nossas influências, tanto quanto o somos de sofrer as suas.*

- *Ajude companheiros do grupo doméstico recentemente desencarnados, evitando o desespero e a inconformação. Muitos Espíritos estão presos no lar algemados pelas vibrações desajustadas de familiares que não aceitam a separação.*

PARCEIROS INVISÍVEIS

Um tipo de obsessão muito comum relaciona-se com os vícios.

O fumo, o álcool, as drogas não produzem apenas condicionamentos físicos. Atingem também o Espírito, que ao desencarnar se vê atormentado por irrefreável desejo.

Na impossibilidade de se satisfazerem no Plano Espiritual, os viciados do Além procuram viciados da Terra, a fim de atender suas necessidades por um processo de associação psíquica.

É como uma manifestação mediúnica às avessas.

Ao transmitir o pensamento do Espírito que se comunica, o médium experimenta algo de seus sentimentos e sensações. Se o comunicante está empolgado por impressões relacionadas com um acidente que o vitimou, sentindo-se traumatizado e dolorido, o mesmo ocorrerá com o médium.

Idêntico mecanismo permite ao desencarnado desfrutar das sensações de alguém que se serve de um cigarro, de uma bebida alcoólica, de uma dose de cocaína ou similar.

Assim, todo viciado é um obsidiado em potencial, facilmente envolvido por Espíritos que acentuam seu condicionamento a fim de que possam satisfazer-se também.

Geralmente, o viciado se sente nervoso, irritado, exasperado, por passar algum tempo sem atender ao vício. Trata-se de uma reação do próprio condicionamento orgânico, mas é também fruto da influência dos parceiros invisíveis, que lhe cobram a satisfação de suas necessidades.

* * *

E se pedirmos ajuda?

"Jesus, permita, por favor, que eu fume meu cigarro sossegado, sem parceiros indesejáveis..."

Certamente Jesus não nos atenderá, já que tem assuntos mais importantes do que favorecer nosso autoenvenenamento. O melhor mesmo é não ter vícios, ausentando-nos das pressões de viciados do Além.

* * *

O envolvimento com Espíritos viciados é, não raro, tão intenso, que anula os próprios recursos da Medicina em favor de suas vítimas. É o que ocorre com os alcoólatras, que se submetem à desintoxicação, em hospitais psiquiátricos.

Após semanas de tratamento, aparentemente recuperados, retornam ao lar. Todavia, ao passarem pelo primeiro bar há algo que os atrai irresistivelmente, ensejando lamentável recaída. É que seus "parceiros" invisíveis voltam à carga.

Por isso, hospitais psiquiátricos espíritas, que realizam reuniões de orientação espiritual, de passes e de desobsessão, obtêm resultados mais eficientes, porquanto, paralelamente ao tratamento médico, o paciente é atendido por benfeitores espirituais, o mesmo acontecendo com seus acompanhantes.

* * *

O grande problema das obsessões que envolvem vícios é convencer suas vítimas dos prejuízos que estão sofrendo e da necessidade de reagirem. É incrível, mas mesmo as pessoas mais capacitadas para enfrentar o problema parecem passar por uma obnubilação mental, como se emburrecessem, quando se trata de reconhecer os perigos a que se submetem voluntariamente.

Conhecemos médicos especializados em coração e pulmões, órgãos mais diretamente afetados pelo cigarro, que são fumantes inveterados, como se desconhecessem as estarrecedoras estatísticas de mortes provocadas pelo fumo.

Talvez seja o "coro" dos parceiros do Além, fazendo bastante barulho para que não ouçam os apelos da razão.

* * *

Há pessoas que, após ouvirem advertências e esclarecimentos a respeito do assunto, no Centro Espírita, decidem combater determinado vício que as oprime, o que é altamente louvável.

Infelizmente, nem sempre se trata de uma resolução firme, autêntica, em bases de conscientização, mas de simples empolgação. Então, basta que surjam problemas ou que as pressionem os parceiros invisíveis para experimentarem deplorável recaída.

É que os vícios funcionam como muletas psicológicas em que se apóiam precariamente suas vítimas, cobrando-lhes pesados tributos, já que anulam sua capacidade de iniciativa, enfraquecem sua vontade, comprometem a estabilidade física e favorecem o envolvimento com influências espirituais desajustantes.

Melhor seria que "fortalecessem as próprias pernas", esforçando-se por compreender melhor a si mesmas e às finalidades da existência.

- Não espere por fórmulas mágicas para vencer o vício. O mais importante é o reconhecimento de seu caráter extremamente nocivo e a disposição consciente e firme em combatê-lo.

- Ocupe seu tempo disponível ajudando pessoas em dificuldades, principalmente aquelas originárias do envolvimento com algum vício. O serviço em favor de companheiros de infortúnio opera prodígios de reabilitação em nós.

- Compareça às reuniões de assistência espiritual, no Centro Espírita. Os recursos mobilizados pelos mentores espirituais contribuem eficazmente para que resistamos ao condicionamento orgânico e aos "convites" dos viciados desencarnados.

VINGADORES INVISÍVEIS

As obsessões mais graves envolvem Espíritos vingadores, conscientes de sua condição de desencarnados, que sabem perfeitamente o que fazem e se comprazem nisso.

Viajores da eternidade, transitamos há milênios pela Terra, em múltiplas reencarnações. Nessas experiências passadas, por enquanto inacessíveis para nós, convivemos com muita gente; envolvemo-nos com afetos e desafetos; estendemos laços de amor, mas também terríveis cadeias de ódio.

Inspirados por sentimentos próprios da inferioridade humana, como o egoísmo, o orgulho, a vaidade, muitos males teremos semeado.

Quem fomos? O que fizemos?

O homem poderoso, que se impunha pela força e mandava eliminar impiedosamente os que se opunham a sua vontade?

O senhor de escravos, que os submetia a sevícias e humilhações?

O capitão de indústria, que explorava cruelmente os operários, no propósito de multiplicar bens materiais?

A mulher sedutora, que destruía lares?

O homem astuto, que lesava incautos?

O assaltante, o assassino, o traficante de drogas?

O fofoqueiro contumaz na arte de comprometer reputações?

Provavelmente não seríamos capazes de repetir semelhantes proezas no presente, mas certamente o fizemos no passado, ou não estaríamos na Terra, purgando nossas mazelas. Espíritos puros vivem em mundos superiores.

O contato com aqueles aos quais prejudicamos faz parte de nossa depuração. Muitos deles nos perdoaram e seguiram seus caminhos. Mas há os que não esqueceram, que nos têm procurado na presente existência e que, quando nos encontram, arvoram-se em executores da Justiça Divina, pretendendo submeter-nos a sofrimentos mil vezes maiores do que aqueles que lhes impusemos.

E partem para a agressão pura e simples, envolvendo-nos em nuvens de fluidos deletérios. É uma pressão perturbadora e desajustante, à qual será difícil resistir, por uma razão muito simples: a prática do mal abre as portas de nosso psiquismo à influência daqueles que tenhamos prejudicado.

* * *

O afastamento desses Espíritos não é fácil. Dominados pelo ódio, mostram-se irredutíveis, impermeáveis a qualquer tentativa de esclarecimento.

Um Espírito de mulher, que persegue ferozmente respeitável chefe de família, atormentando-o, manifesta-se em reunião mediúnica extravasando seu ódio.

Explica que ele a seduziu em existência anterior, levando-a a abandonar o marido e três filhos. Depois a prostituiu. Em seguida a abandonou à própria sorte, a enfrentar penosas humilhações que culminaram com sua morte na indigência.

Apreciando o caso pela ótica da entidade comunicante, constatamos como é delicado o assunto. Impossível lamentar a vítima de hoje e condenar o verdugo, porquanto no passado as posições estavam invertidas. E ambos são filhos de Deus, necessitados de ajuda.

O dirigente exorta:

– Minha irmã, é preciso perdoar...

– Não me fale em perdão! Ele arruinou minha vida! Destruiu todos os meus sonhos! Há de pagar!...

– Lembre-se de Jesus...

– Qual nada! Esse criminoso não pensou no Cristo quando me seduziu, afastando-me de minha família!

Envolvimentos dessa natureza constituem terrível desafio para qualquer doutrinador, cujo sucesso depende não de meros argumentos, mas, sobretudo, de uma grande capacidade de doar amor, vendo no obsessor não um espírito das trevas, mas o irmão em desajuste.

Somente assim conseguirá alcançar a intimidade de seu coração, onde há imenso anseio de paz. Ainda que não o admita, o comprometimento com a vingança faz dele alguém profundamente intranquilo e infeliz.

Geralmente, familiares desencarnados, que o amam muito, esperam pacientemente por uma brecha que o doutrinador consiga abrir no denso muro de rancor para que possam aproximar-se, modificando suas disposições.

Parece irracional. É como se o obsessor estivesse agredindo a si mesmo, afundando em sombrios precipícios. Mas irracional também foi o comportamento de sua vítima, alienada, no passado, da verdade elementar: O que plantarmos teremos que colher.

Todo mal que semearmos retornará na forma de males que nos infelicitarão, ainda que sejamos perdoados por nossas vítimas.

* * *

Há perseguições espirituais mais brandas, mas, paradoxalmente, mais graves, porque desenvolvidas com sutileza por vingadores hábeis e inteligentes.

Como perfeitos estrategistas que planejam uma batalha, acompanham a vítima por algum tempo, observando suas tendências, sua maneira de ser, suas relações, suas ideias. Identificam assim suas fraquezas e as exploram.

Se notam, por exemplo, que um homem casado a quem desejam perturbar, empolga-se pelas aventuras do sexo, aproveitam-se da atração que venha a sentir por jovem bela e fútil, levam-no à fixação mental e instalam em seu coração a paixão devastadora. O resto é fácil prever: desentendimentos no lar, desagregação da família, separação, decepções com a nova ligação afetiva, opressões e angústias intermináveis, para deleite dos triunfantes perseguidores espirituais.

Se, não obstante ter uma boa esposa, filhos adoráveis, rendimentos satisfatórios, o indivíduo sente certa insatisfação, em virtude de algum anseio não realizado, os obsessores não lhe dão sossego, exacerbando-a, principalmente se surgem eventuais problemas familiares ou profissionais, e acabam por precipitá-lo na depressão.

Os problemas de saúde também são campos férteis para semeaduras obsessivas. Como uma máquina, nosso corpo está sujeito a desgastes naturais, mesmo porque não o usamos de forma adequada. Se o obsidiado lhes presta muita atenção, os perseguidores invisíveis exploram essa tendência, situando-o na hipocondria – vive a imaginar doenças. E está sempre doente, porquanto, segundo o velho ditado popular, "quem namora a enfermidade se casa com ela".

Nossas mazelas e fraquezas são as portas de acesso à influência espiritual inferior. Por isso, a melhor maneira de resistirmos ao assédio de Espíritos passionais, viciosos, odientos, é o empenho sistemático por superá-las.

Se a luz se faz, as sombras desaparecem.

- *Mantenha a serenidade, considerando que a vida pode nos oferecer experiências difíceis, mas sempre compatíveis com nossas necessidades evolutivas. Nenhum obsessor produzirá tempestades em nosso íntimo se evitarmos nuvens sombrias de irritação ou desalento.*

- *Não maldiga nem verbere a ação dos agressores espirituais, quando sob seu assédio. Ser-lhes-á impossível agredir indefinidamente alguém capaz de compreender e relevar.*

- *Empenhe-se por disciplinar seus pensamentos e impulsos. Se o obsessor não se afasta, podemos nos afastar dele com a elevação de nosso padrão vibratório, cultivando o equilíbrio.*

INICIAÇÃO ESPIRITUAL

Conta-se que Gandhi foi procurado, numa de suas comunidades, por dois homens que desejavam fazer sua iniciação espiritual. Ambos estavam entusiasmados com a oportunidade de conviver com o grande líder hindu, conscientes de que receberiam preciosas orientações.

O Mahatma os recebeu de bom grado e, tão logo se instalaram, pediu-lhes que tomassem das vassouras e varressem o chão. Depois que descascassem batatas, cortassem verduras e rachassem lenha para o fogão.

À tarde os encaminhou à limpeza das fossas nas aldeias vizinhas. Os dois iniciantes dos valores espirituais passaram o resto do dia desinfetando instalações sanitárias com água e creolina.

Ao anoitecer, foram convidados à meditação.

No dia seguinte, a mesma rotina.

No terceiro dia, um deles, aproximando-se de Gandhi, perguntou:

– Mestre, quando começa nossa iniciação?

– Já começou...

– Como assim?

– É aprendendo a servir de boa-vontade que entramos nos domínios da espiritualização.

* * *

O episódio tem algo em comum com outro descrito pelo Espírito André Luiz, no livro *Nosso Lar*, psicografia de Francisco Cândido Xavier.

Ao desencarnar, após um estágio no Umbral, região sombria onde estagiam Espíritos comprometidos com as ilusões do Mundo, ele foi recolhido por uma equipe de socorro e levado para a cidade no Além que dá título ao livro.

André Luiz se maravilhou com a organização de Nosso Lar. Todos os habitantes, perto de um milhão ao tempo em que o livro foi escrito, no início da década de quarenta, com exceção dos enfermos, trabalhavam em serviços variados, com admirável vocação comunitária, sempre voltados para o bem comum.

Empolgado, dispôs-se ao trabalho também, esperando reassumir suas funções de médico. Manifestando seu desejo, foi informado de que não estava preparado para semelhante atividade, porquanto, como servidor da Medicina se habituara a circunscrever suas observações exclusivamente ao corpo físico, sem interessar-se pela alma humana. Por isso, embora fosse um excelente fisiologista, não estava habilitado a cuidar de Espíritos desencarnados. No entanto, tendo em vista sua nobre aspiração, seria oportunamente aproveitado em outra atividade.

Pouco depois, foi encaminhado às Câmaras de Retificação, uma organização hospitalar que cuida de Espíritos portadores de variados desequilíbrios relacionados com o egoísmo, o vício, o crime, a ambição, a usura...

Num dos pavilhões, estagiam entidades que negaram sistematicamente os valores da vida e a realidade da sobrevivência, em sono profundo, povoado de pesadelos.

Passes magnéticos de fortalecimento foram aplicados naqueles enfermos, após o que passaram a expelir pela boca uma negra substância, como vômito escuro e viscoso, com emanações desagradáveis.

São fluidos venenosos que segregam, fruto de seus desajustes – explica o companheiro que lhe serve de cicerone.

Observando que havia muitos doentes e poucos atendentes, André Luiz, decidido, passou a mão em apetrechos de higiene e se lançou ao trabalho com ardor. E revela:

– O serviço continuou por todo o dia, custando-me abençoado suor, e nenhum amigo do mundo poderá avaliar a alegria sublime do médico que recomeçava a educação de si mesmo, na enfermagem rudimentar.

Ao fim da tarefa:

– Sentia-me algo cansado pelos intensos esforços despendidos, mas o coração entoava hinos de alegria interior. Recebera aventura do trabalho, afinal. E o espírito de serviço fornece tônicos de misterioso vigor.

Perseverando por algum tempo naquelas tarefas humildes, André Luiz ganhou a confiança de amigos e instrutores, habilitando-se ao exercício de suas funções de médico e, o que é mais importante, iniciando-se nos domínios da verdadeira espiritualização, a partir de mãos movimentando-se no serviço do Bem, como antenas estendidas para a sintonia com as Fontes da Vida e a captação das bênçãos de Deus.

* * *

Toda a sabedoria do Evangelho, em favor de nossa iniciação espiritual, está contida na recomendação de Jesus: "Tudo o que quiserdes que os homens vos façam, fazei-o assim também a eles."

A mesma orientação, no Espiritismo, sintetiza-se na máxima de Allan Kardec: "Fora da Caridade não há Salvação."

O próximo, portanto, é a nossa ponte para Deus, nosso abençoado caminho para os valores espirituais. E tanto mais caminharemos quanto maior o nosso empenho em servir, começando, como recomendava Gandhi e como aprendeu André Luiz, pelas tarefas mais simples, em obras filantrópicas, instituições religiosas, associações comunitárias...

* * *

Conscientes dessa realidade, os Centros Espíritas vêm organizando serviços assistenciais, com a criação de creches, berçários, hospitais, escolas, lares da infância e da velhice, casas de sopa, estendendo amplas oportunidades de serviço às pessoas aflitas e angustiadas que os procuram, ensinando-lhes, por lição fundamental, que a chave mágica para a solução de seus problemas existenciais está na disposição de trabalhar em favor do semelhante.

Nesses núcleos de esforço edificante há as mais variadas atividades: visitação a enfermos e famílias pobres; plantões de atendimento; preparo de refeições para as crianças; confecção e reparo de roupas; arrecadação e fornecimento de gêneros alimentícios; aplicação do passe magnético; controle da biblioteca; venda de livros; promoções beneficentes e muito mais. São tarefas singelas, mas que sedimentam nos voluntários a inestimável vocação de servir.

* * *

Há quem justifique:

– Não participo de atividades dessa natureza, mas tenho feito algo em favor do semelhante. Quando batem à minha porta, sempre atendo; se o necessitado me procura na rua, estendo-lhe alguns trocados; contribuo para a manutenção de obras de benemerência social.

Isso tudo é louvável, mas insuficiente, mesmo porque feito eventualmente, quando somos solicitados e temos disposição, sem nenhum compromisso.

É difícil desenvolver a vocação de servir sem o precioso estímulo que nos sustenta quando participamos de um grupo afim, integrando-nos em determinada atividade.

Se resolvemos visitar semanalmente enfermos de um hospital, levando-lhes palavras de conforto, é bem provável que não perseveremos por muito tempo. Mas, se estivermos ligados a uma equipe de visitadores de um Centro Espírita, haverá maior disposição, mesmo porque os próprios companheiros nos cobrarão a assiduidade.

Somente Espíritos muito evoluídos conseguem ser heróis anônimos nesse tipo de trabalho. Estes, entretanto, salvo em circunstâncias excepcionais, jamais se isolam, conscientes de que, se a união faz a força, a força do Bem está no esforço conjunto daqueles que se propõem a realizá-lo.

- Integre-se nas atividades do Centro Espírita que frequenta. Quem não se dispõe a participar não entendeu o Espiritismo.

- Não se preocupe com a natureza da tarefa a seu cargo, ainda que lhe pareça insignificante. O trabalho mais meritório é aquele feito com dedicação e boa vontade.

- Encare os compromissos da Seara Espírita com a mesma seriedade que lhe merece o trabalho profissional. Se este garante a subsistência, nas experiências da vida humana, aqueles sustentam a alegria de viver.

A NOSTALGIA DO NATAL

Um amigo dizia:
– Não sei, o Natal me traz indefinível nostalgia, relacionada com algo muito importante, esquecido no passado longínquo... Talvez uma ligação afetiva, uma situação mais feliz ou – quem sabe? – a própria pureza perdida...

Embora estejamos diante de um paradoxo, já que a gloriosa mensagem natalina deveria inspirar sempre alegrias e esperanças, muitas pessoas experimentam esse sentimento, associado a situações do pretérito, na existência atual ou em existências anteriores, mas, basicamente, diríamos tratar-se da melancolia por um ideal nunca realizado.

O magnetismo divino que emana da manjedoura, nas comemorações do celeste nascimento, estabelece o confronto entre as propostas sublimes do Evangelho e a realidade de nossa vida. Do distanciamento entre o que somos e o que Jesus recomenda, sustenta-se a nostalgia.

O simples fato de se comemorar o Natal com festas ruidosas, regadas a álcool, com desperdício de dinheiro e de saúde, pelos excessos cometidos, em detrimento dos que não têm o que comer, demonstra como estamos longe dos valores de fraternidade preconizados pela mensagem cristã.

Curiosa situação essa, em que se festeja um aniversário esquecendo o aniversariante e, sobretudo, o significado de seu natalício.

* * *

Em quase dois mil anos de Cristianismo, os homens não aprenderam sequer a definir com exatidão quem é Jesus.

Para muitos, ele é o cordeiro de Deus que derramou seu sangue na cruz para redimir a Humanidade, lembrando antigas cerimônias judaicas, em que bodes eram sacrificados para depurar a comunidade de seus pecados.

Há os que o confundem com o Criador, não obstante suas reiteradas afirmações de que era um mensageiro divino, um servo do Senhor, um filho de Deus, como todos o somos.

Profitentes de variadas denominações religiosas reverenciam-no em cultos exteriores, julgando cumprir seus deveres com a mera participação em repetitivas cerimônias e rezas. Outros estão convictos de que pelo simples fato de aderirem à fé cristã garantem passaporte seguro para o paraíso, sem maiores esforços.

E se lembram dele os fiéis nas horas difíceis, esperando por suas providências salvadoras, e até mesmo que opere o prodígio de fazê-los felizes, mesmo sem o merecerem.

É preciso superar semelhantes equívocos e assumir nossas responsabilidades, a partir da compreensão de que Jesus é um irmão mais velho, um Espírito puro e perfeito que mergulhou na carne com o objetivo precípuo de nos ensinar a viver como filhos de Deus.

Como o fazem os professores eficientes, exemplificou suas lições, vivendo-as integralmente, desde a humildade, na manjedoura, ao sacrifício, na cruz.

Entre ambas há todo um roteiro de bênçãos capaz de nos orientar a existência inteira, sustentando-nos o equilíbrio e a serenidade e convocando-nos ao esforço permanente de renovação e trabalho no Bem.

* * *

Usando imagens claras e objetivas, retiradas do cotidiano, Jesus nos fala com a simplicidade da sabedoria autêntica e a profundidade da verdade revelada.

Aos que condenam, demonstra, na inesquecível passagem da mulher adúltera, que ninguém pode atirar a primeira pedra, porque todos temos mazelas e imperfeições.

Aos que se perturbam com dificuldades do presente e temores do futuro, recomenda que procurem o Reino de Deus, cumprindo a sua justiça com empenho por levar a sério seus deveres, agindo com retidão de consciência e "tudo mais lhes será dado por acréscimo".

Aos que se apegam aos bens materiais, recorda que não se pode servir a dois senhores - a Deus e às riquezas - e relata a experiência de um homem ambicioso que ergueu muitos celeiros e amealhou muitos bens, mas morreu em seguida, sem poder desfrutá-los, nada levando para o Além senão um comprometedor envolvimento com os enganos do Mundo.

Aos que usam de violência para fazer prevalecer, seus interesses, esclarece que "quem com ferro fere, com ferro será ferido".

Em todos os momentos, diante de qualquer dificuldade ou problema, temos no Evangelho o roteiro precioso capaz de nos ajudar a definir a melhor atitude, o comportamento mais adequado, a iniciativa mais justa.

* * *

Consumimos rios de dinheiro à procura de conforto, prazer, distração, buscando o melhor para nossa casa, nossa aparência, nossa saúde, e deixamos de lado o recurso supremo, que não custa absolutamente nada: as lições de Jesus.

Se o fizéssemos saberíamos que muitas vezes temos procurado a felicidade no lugar errado, à distância do que ensinou e exemplificou o Cristo, colhendo, invariavelmente, desilusões.

Jesus, com sua imensa lucidez, sabia que tudo isso aconteceria; que os homens perderiam o contato com as realidades do Evangelho, tanto que, na última reunião com os discípulos, prometeu que mais tarde enviaria um Consolador, o Espírito de Verdade que relembraria o que dissera e ofereceria lições novas que os homens de seu tempo não tinham condições para aprender.

O Espiritismo se situa como esse aguardado Consolador, dirigindo-se a uma humanidade mais amadurecida, capaz de compreender suas responsabilidades.

Como um farol abençoado que nos oferece novas luzes para um entendimento mais amplo da mensagem cristã, a Doutrina dos Espíritos ressalta que o Mestre Supremo é o Cristo e que nos seus ensinamentos está o roteiro indispensável para que nos habilitemos à felicidade, confirmando que é no esforço do Bem que residem nossas melhores oportunidades de construir um futuro feliz, superando o comprometimento com as ilusões da Terra.

Este é o grande desafio: encararmos a realidade, compreendendo que a jornada terrestre tem dois objetivos específicos de renovação e progresso que não podem ser traídos, sob pena de colhermos frustrações e desenganos, em crônica infelicidade.

Para vencê-lo é indispensável que nos disponhamos a seguir o Cristo, imprimindo suas marcas em nós, a fim de que sejamos marcados pela redenção, como exprime admiravelmente o Espírito Maria Dolores, ao prefaciar o livro *Mãos Marcadas*, psicografia de Francisco Cândido Xavier:

"Senhor!
Quando me deres
O privilégio do renascimento
No berçário do mundo,
Ante as necessidades que apresento
E aquelas que não vejo,
Eis, Senhor, o desejo
Em que dia por dia me aprofundo:

Deixa-me renascer em qualquer parte,
Entretanto, que eu possa acompanhar-te
Onde constantemente continuas
Trabalhando e servindo em todas as estradas
Para que eu também tenha as mãos marcadas
Como trazes as tuas...

Quanta ilusão quando me debatia
Crendo que o desespero fosse prece,
A rogar-te alegria e segurança
Sem que eu nada fizesse!
Imitava na Terra o lavrador
A temer pedra e lama, vento e bruma,
Aguardando milagres de colheita
Sem plantar coisa alguma.

Entretanto, Senhor, agora sei
Que o trabalho é divino compromisso,
Estimulo do Céu guiando-nos os passos
E que atendendo a semelhante lei
Puseste ambas as mãos em nossos braços
Por estrelas de amor e de serviço.

Assim, quando efetues
As esperanças em que me agasalho
E estiver entre os homens, meus irmãos,
Que eu me esqueça em trabalho
E me lembre das mãos...

Não me dês tempo para lastimar-me
Que eu busque tão-somente a luz que me acenas...
No anseio de seguir-te
Quero o trabalho apenas.

Dá que eu seja contigo, onde estiveres,
Uma réstea de paz... Que eu seja alguém
Sem destaque e sem nome
Que se olvide no bem.

E se um dia uma cruz de provas e de agravos
Reclamar-me a tarefa e o coração,
Não me largues ao susto a que me enleie,
Ajuda-me a entregar as próprias mãos aos cravos
Da incompreensão que me rodeie,
Entre bênçãos de fé e preces de perdão!

Não consintas que eu volte ao tempo morto
Da ilusão convertida em desconforto,
Dá-me os calos da paz nas tarefas do bem,
A servir e servir sem perguntar a quem...

Ouve, Celeste Amigo,
Aspiro a estar contigo,
Longe de minhas horas desregradas,
Onde sempre estiveste e sempre continuas,
Plantando amor em todas as estradas,
Para que eu também tenha as mãos marcadas
Como trazes as tuas...

- *Estude regularmente os ensinamentos de Jesus. Nenhum princípio pode ser integralmente vivenciado se não for plenamente compreendido.*

- *Realize exercícios diários de prática cristã. Perdão, tolerância, fé, compaixão, caridade, bondade, paciência, esperança são "músculos do Espírito" que, se convenientemente desenvolvidos, sustentam em nós a paz e o equilíbrio.*

- *Nas situações difíceis, nas contrariedades, nos problemas e tentações da jornada humana, habitue-se a perguntar para si mesmo: "O que faria Jesus em meu lugar?" Se tentarmos o que ele faria sempre faremos o melhor.*

O GRANDE TESOURO

Desperta, ó tu que dormes, levanta-te dentre os mortos e Cristo te iluminará. Andai prudentemente, não como néscios e, sim, como sábios, remindo o tempo, porque os dias são maus. Não vos torneis insensatos, mas procurai compreender qual é a vontade do Senhor.

(Epístola aos Efésios 5,14-17)

O apóstolo Paulo revela no texto citado, como em tudo mais que escrevia, sua condição de ardoroso discípulo de Jesus, que enxergava no ideal cristão a sublime meta a ser alcançada pelo Homem.

Ao proclamar que os dias são maus, reporta-se aos problemas, dores e lutas que, ontem como hoje, caracterizam nossa existência, já que vivemos num planeta de expiação e provas.

Por isso, é preciso que caminhemos com cautela, não como tolos, que não sabem o que fazem, mas como pessoas que cultivam a reflexão, "remindo o tempo", isto é, resgatando-o do acomodamento, da indiferença, do comprometimento com os enganos do Mundo, para um pleno aproveitamento das oportunidades de edificação da jornada humana.

Ele próprio viveu e exemplificou esse esforço sem tréguas, em empenho de renovação, identificando-se de tal forma com o Evangelho que nos últimos anos de vida proclamava: "Já não sou eu quem vive, mas o Cristo que vive em mim."

※ ※ ※

As ponderações do apóstolo dos gentios evocam um tesouro de valor inestimável que Deus concede a todos nós para a grande jornada rumo à perfeição: o Tempo, que como uma moeda, tem muitas divisões: o milênio, o século, o ano, o dia, a hora, o minuto, o segundo. Se tomarmos uma porção de ouro e cunharmos uma moeda, poderemos dar-lhe o valor nominal de um cruzado novo. Este o valor inscrito, extrínseco, mas o valor real será muito maior, representado pela quantidade do precioso metal que utilizamos.

Algo semelhante ocorre com o tempo. Suas "moedas" têm uma cunhagem extrínseca, nominativa, que é idêntica para todos nós: um segundo, um século, um milênio. Mas seu valor real, intrínseco, dependerá do material com o qual "cunhamos" o nosso tempo, isto é, o que estamos fazendo dele.

* * *

Uma reunião espírita de orientação doutrinária e ajuda espiritual tem aproximadamente uma hora de duração. Extrinsecamente o valor é igual para todos os presentes: sessenta minutos de oportunidades de aprendizado e edificação.

Mas, intrinsecamente, o valor real desses três mil e seiscentos segundos vai depender de nosso comportamento e do que estamos fazendo ali.

Para os colaboradores que atuam na exposição doutrinária, na distribuição de folhetos com mensagens, na biblioteca, nas entrevistas, no cuidado das crianças, na aplicação do passe e outras tarefas, essa parcela de tempo utilizada no esforço espontâneo em favor do semelhante, resultará em patrimônio espiritual amoedado. É um crédito de que disporão perante a Espiritualidade para "aquisição" de bênçãos de conforto e ajuda, além da valiosa experiência adquirida, tanto mais ampla quanto maior a sua dedicação.

Para o público que comparece o aproveitamento dependerá do empenho em participar da reunião com investimentos de atenção e interesse legítimo de aprendizado em favor de sua própria edificação.

O ouvinte desatento, de corpo presente e pensamento distante, que considera a reunião mera rotina a que se submete para receber ajuda espiritual, está jogando fora seus sessenta minutos.

* * *

Onde estivermos poderemos adquirir valiosos patrimônios de experiência e conhecimento, virtude e sabedoria, se não deixarmos que se escoem os minutos, as horas, os dias, os anos, mergulhados no sonambulismo que caracteriza tanta gente, que dorme o sono da indiferença, sob o embalo do sonho da ilusão.

O século marca, extrinsecamente, o período de uma vida, incluídos o estágio de preparação no Plano Espiritual, antes da reencarnação, e o de readaptação após o desencarne.

Mas o valor intrínseco do século dependerá do que fizermos dos três bilhões, cento e cinquenta e três milhões e seiscentos mil segundos que o compõem.

A bondade, o amor, a ternura, a mansuetude, a humildade, a compreensão, a paciência, a fé são valores que "compramos" à custa de dedicação, renúncia, sacrifício, esforço, mas são inalienáveis, jamais os perderemos, habilitando-nos à alegria e à paz onde estivermos, vivendo em plenitude.

Todavia, se não fizermos bom uso do tempo, um século poderá representar para nós mera semeadura de inconsequência e vício, rebeldia e desatino, com colheita obrigatória de sofrimentos e perturbações.

* * *

Imperioso, portanto, que aproveitemos as horas. Podemos começar com o que há de errado em nós. O vício, por exemplo, não representa apenas perda, mas, sobretudo, comprometimento do tempo, com repercussões negativas para o futuro.

Quantos minutos perde o fumante, por ano, no ritual das baforadas de nicotina? Quantas horas precisa trabalhar para alimentar o vício e pagar o tratamento de moléstias que decorrem dele? Quantos dias abreviará de sua existência por comprometer a estabilidade orgânica? Quantos anos sofrerá depois, com os desajustes espirituais correspondentes?

E o maledicente, quantos minutos perde diariamente, divagando sobre aspectos menos edificantes do comportamento alheio? E quantas existências gastará depois, às voltas com males que, a custa de enxergar nos outros, sedimentará em si mesmo?

O propósito de vencer um vício, a contenção da língua, a disciplina da palavra e das emoções, os ensaios de humildade, o treinamento da paciência, a disposição de aprender, o desejo de servir e muito mais, devem fazer parte de nosso empenho de cada dia.

Afinal, Deus nos oferece a bênção do Tempo para as experiências humanas, mas fatalmente receberemos um dia a conta pelos gastos, na aferição de nossa vida, como explica Laurindo Rabelo no notável soneto "O Tempo".

Deus pede estrita conta do meu tempo,
É forçoso do tempo já dar conta;
Mas, como dar sem tempo tanta conta,
Eu que gastei sem conta tanto tempo!

Para ter minha conta feita a tempo
Dado me foi bem tempo e não fiz nada.
Não quis sobrando tempo fazer conta,
Quero hoje fazer conta e falta tempo.

O vós que tendes tempo sem ter conta,
Não gasteis esse tempo em passa-tempo:
Cuidai enquanto é tempo em fazer conta.

Mas, ah! se os que contam com seu tempo
Fizessem desse tempo alguma conta,
Não choravam como eu o não ter tempo.

- Não espere a morte para solucionar as questões da vida, nem alegue enfermidade ou velhice para desistir de aprender, porque estamos excessivamente distantes do céu. A sepultura não é uma cigana cheia de promessas miraculosas, e sim uma porta mais larga de acesso à nossa própria consciência.
André Luiz (Agenda Cristã, *psicografia de Francisco Cândido Xavier*)

- Na Esfera superior és visto pelo que fazes. O auxílio que prestas ao bem dos outros é nota de crédito em tua ficha. E como a Divina Bondade te deixa livre para fazer o bem como o queiras, onde queiras e quando queiras, depende de ti limitar o repouso, olvidar o que seja inútil e evitar o que prejudica, a fim de atenderes, em regime de ação constante, ao serviço do bem, e seres assim mais amplamente conhecido e naturalmente credenciado diante da Lei de Deus.
Emmanuel (Religião dos Espíritos, *psicografia de Francisco Cândido Xavier*)

- ... Andai enquanto tendes a luz, para que as trevas não vos apanhem. Quem anda nas trevas não sabe para onde vai.
Jesus (João 12,35)

BIBLIOGRAFIA DO AUTOR

01 – PARA VIVER A GRANDE MENSAGEM — 1969
Crônicas e histórias.
Ênfase para o tema Mediunidade.
Editora: FEB

02 – TEMAS DE HOJE, PROBLEMAS DE SEMPRE — 1973
Assuntos de atualidade.
Editora: Correio Fraterno do ABC

03 – A VOZ DO MONTE — 1980
Comentários sobre "O Sermão da Montanha".
Editora: FEB

04 – ATRAVESSANDO A RUA — 1985
Histórias.
Editora: IDE

05 – EM BUSCA DO HOMEM NOVO — 1986
Parceria com Sérgio Lourenço
e Therezinha Oliveira.
Comentários evangélicos e temas de atualidade.
Editora: EME

06 – ENDEREÇO CERTO — 1987
Histórias.
Editora: IDE

07 – QUEM TEM MEDO DA MORTE? — 1987
Noções sobre a morte e a vida espiritual.
Editora: CEAC

08 – A CONSTITUIÇÃO DIVINA — 1988
Comentários em torno de "As Leis Morais",
3ª parte de O Livro dos Espíritos.
Editora: CEAC

09 – UMA RAZÃO PARA VIVER 1989
Iniciação espírita.
Editora: CEAC

10 – UM JEITO DE SER FELIZ 1990
*Comentários em torno de
"Esperanças e Consolações",
4ª parte de* O Livro dos Espíritos.
Editora: CEAC

11 – ENCONTROS E DESENCONTROS 1991
Histórias.
Editora: CEAC

12 – QUEM TEM MEDO DOS ESPÍRITOS? 1992
*Comentários em torno de "Do Mundo Espírita e
dos Espíritos", 2ª parte de* O Livro dos Espíritos.
Editora: CEAC

13 – A FORÇA DAS IDEIAS 1993
Pinga-fogo literário sobre temas de atualidade.
Editora: O Clarim

14 – QUEM TEM MEDO DA OBSESSÃO? 1993
Estudo sobre influências espirituais.
Editora: CEAC

15 – VIVER EM PLENITUDE 1994
*Comentários em torno de "Do Mundo Espírita e
dos Espíritos", 2ª parte de* O Livro dos Espíritos.
Sequência de Quem Tem Medo dos Espíritos?
Editora: CEAC

16 – VENCENDO A MORTE E A OBSESSÃO 1994
Composto a partir dos textos de Quem Tem Medo
da Morte? *e* Quem Tem Medo da Obsessão?
Editora: Pensamento

17 – TEMPO DE DESPERTAR 1995
Dissertações e histórias sobre temas de atualidade.
Editora: FEESP

18 – NÃO PISE NA BOLA 1995
Bate-papo com jovens.
Editora: O Clarim

19 – A PRESENÇA DE DEUS 1995
Comentários em torno de "Das Causas Primárias",
1ª parte de O Livro dos Espíritos.
Editora: CEAC

20 – FUGINDO DA PRISÃO 1996
Roteiro para a liberdade interior.
Editora: CEAC

21 – O VASO DE PORCELANA 1996
Romance sobre problemas existenciais, envolvendo
família, namoro, casamento, obsessão, paixões...
Editora: CEAC

22 – O CÉU AO NOSSO ALCANCE 1997
Histórias sobre "O Sermão da Montanha".
Editora: CEAC

23 – PAZ NA TERRA 1997
Vida de Jesus – nascimento ao início do apostolado.
Editora: CEAC

24 – ESPIRITISMO, UMA NOVA ERA 1998
Iniciação Espírita.
Editora: FEB

25 – O DESTINO EM SUAS MÃOS 1998
Histórias e dissertações sobre temas de atualidade.
Editora: CEAC

26 – LEVANTA-TE! 1999
Vida de Jesus – primeiro ano de apostolado.
Editora: CEAC

27 – LUZES NO CAMINHO 1999
Histórias da História, à luz do Espiritismo.
Editora: CEAC

28 – TUA FÉ TE SALVOU! 2000
Vida de Jesus – segundo ano de apostolado.
Editora: CEAC

29 – REENCARNAÇÃO – TUDO O QUE VOCÊ 2000
PRECISA SABER
Perguntas e respostas sobre a reencarnação.
Editora: CEAC

30 – NÃO PEQUES MAIS! 2001
Vida de Jesus – terceiro ano de apostolado.
Editora: CEAC

31 – PARA RIR E REFLETIR 2001
Histórias bem-humoradas, analisadas à luz da
Doutrina Espírita.
Editora: CEAC

32 – SETENTA VEZES SETE 2002
Vida de Jesus – últimos tempos de apostolado.
Editora: CEAC

33 – MEDIUNIDADE, TUDO O QUE 2002
VOCÊ PRECISA SABER
Perguntas e respostas sobre mediunidade.
Editora: CEAC

34 – ANTES QUE O GALO CANTE 2003
     Vida de Jesus – o Drama do Calvário.
     Editora: CEAC

35 – ABAIXO A DEPRESSÃO! 2003
     Profilaxia dos estados depressivos.
     Editora: CEAC

36 – HISTÓRIAS QUE TRAZEM FELICIDADE 2004
     Parábolas evangélicas, à luz do Espiritismo.
     Editora: CEAC

37 – ESPIRITISMO, TUDO O QUE 2004
     VOCÊ PRECISA SABER
     Perguntas e respostas sobre a Doutrina Espírita.
     Editora: CEAC

38 – MAIS HISTÓRIAS QUE TRAZEM FELICIDADE 2005
     Parábolas evangélicas, à luz do Espiritismo.
     Editora: CEAC

39 – RINDO E REFLETINDO COM CHICO XAVIER 2005
     Reflexões em torno de frases e episódios
     bem-humorados do grande médium.
     Editora: CEAC

40 – SUICÍDIO, TUDO O QUE VOCÊ PRECISA SABER 2006
     Noções da Doutrina Espírita sobre a problemática
     do suicídio.
     Editora: CEAC

41 – RINDO E REFLETINDO COM CHICO XAVIER 2006
     Volume II
     Reflexões em torno de frases e episódios
     bem-humorados do grande médium.
     Editora: CEAC

42 – TRINTA SEGUNDOS — 2007
Temas de atualidade em breves diálogos.
Editora: CEAC

43 – RINDO E REFLETINDO COM A HISTÓRIA — 2007
Reflexões em torno da personalidade de figuras ilustres e acontecimentos importantes da História.
Editora: CEAC

44 – O CLAMOR DAS ALMAS — 2007
Histórias e dissertações doutrinárias.
Editora: CEAC

45 – MUDANÇA DE RUMO — 2008
Romance.
Editora: CEAC

46 – DÚVIDAS E IMPERTINÊNCIAS — 2009
Perguntas e respostas.
Editora: CEAC

47 – BEM-AVENTURADOS OS AFLITOS — 2009
*Comentários sobre o capítulo V
de* O Evangelho segundo o Espiritismo.
Editora: CEAC

48 – POR UMA VIDA MELHOR — 2010
*Regras de bem viver e orientação
aos Centros Espíritas*
Editora: CEAC

Impressão e Acabamento | **Gráfica Viena**
www.graficaviena.com.br
Santa Cruz do Rio Pardo - SP, ano 2021